30 Minuten

ChatGPT

Oliver Schwartz
Dr. Michael Gebert

*Mit einem Vorwort von
Parsa Marvi, MdB*

Externe Links wurden bis zum Zeitpunkt der Drucklegung des Buches geprüft. Auf etwaige Änderungen zu einem späteren Zeitpunkt hat der Verlag keinen Einfluss. Eine Haftung des Verlags ist daher ausgeschlossen.

Bibliografische Information der Deutschen Nationalbibliothek. Die Deutsche Nationalbibliothek verzeichnet diese Publikation in der Deutschen Nationalbibliografie; detaillierte bibliografische Daten sind im Internet über http://dnb.d-nb.de abrufbar.

ISBN 978-3-96739-190-9

Umschlaggestaltung: Zerosoft, Timisoara (Rumänien)
Umschlagkonzept: Buddelschiff, Stuttgart | www.buddelschiff.de
Lektorat: Silke Martin, Kriftel
Autorenfoto Oliver Schwartz: ARTIS/Uli Deck
Autorenfoto Michael Gebert: Markus Sippl
Satz und Layout: Zerosoft, Timisoara (Rumänien)
Druck und Bindung: Salzland Druck GmbH & Co. KG, Löbnitzer Weg 10, D-39418 Staßfurt, vertrieb@salzland-druck.de

2. Auflage 2025

Ein Hinweis zu gendergerechter Sprache: Die Entscheidung, in welcher Form alle Geschlechter angesprochen werden, obliegt den jeweiligen Verfassenden.

Wir drucken in Deutschland.

www.gabal-verlag.de
www.gabal-magazin.de
www.x.com/gabalbuecher
www.facebook.com/gabalbuecher
www.instagram.com/gabalbuecher

PEFC
PEFC/04-31-2251

PEFC-zertifiziert
Dieses Produkt stammt aus nachhaltig bewirtschafteten Wäldern und kontrollierten Quellen
www.pefc.de

ÖKOLOGISCHE VERANTWORTUNG

Wir übernehmen Verantwortung! Ökologisch und sozial!

- Verzicht auf Plastik: kein Einschweißen der Bücher in Folie
- Nachhaltige Produktion: Verwendung von Papier aus nachhaltig bewirtschafteten Wäldern, PEFC-zertifiziert
- Stärkung des Wirtschaftsstandorts Deutschland: Herstellung und Druck in Deutschland

Wissen auf den Punkt gebracht

Dieses Buch ist so konzipiert, dass Sie in kurzer Zeit prägnante und fundierte Informationen aufnehmen können. Mithilfe eines Leitsystems werden Sie durch das Buch geführt. Es erlaubt Ihnen, innerhalb Ihres persönlichen Zeitkontingents (von 10 bis 30 Minuten) das Wesentliche zu erfassen.

Kurze Lesezeit

In 30 Minuten können Sie das ganze Buch lesen. Wenn Sie weniger Zeit haben, lesen Sie gezielt nur die Stellen, die für Sie wichtige Informationen beinhalten.

- Schlüsselfragen mit Seitenverweisen zu Beginn eines jeden Kapitels erlauben eine schnelle Orientierung: Sie blättern direkt zu dem Thema, das Sie besonders interessiert.
- **Zahlreiche Zusammenfassungen innerhalb der Kapitel erlauben das schnelle Querlesen.**
- Ein Fast Reader am Ende des Buches fasst alle wichtigen Aspekte zusammen.
- Ein Register erleichtert das Nachschlagen.

Inhalt

Aktualisierungen

Rund um den Chatbot ChatGPT, die Künstliche Intelligenz und die anstehende Regulierung gibt es eine hohe Weiterentwicklungs-Dynamik, Produkt-Updates und Änderungen der rechtlichen Rahmenbedingungen. Damit Sie lange Freude an diesem Buch haben, bieten wir Ihnen eine Website mit wichtigen Updates:

https://www.gabal.chatgpt-expertenbuch.de

Login: gabal@chatgpt-expertenbuch.de

Kennwort: ChatGPT

Vorwort
Mehr Chancen durch weniger Risiken

Ich bin davon überzeugt, dass wir mit KI Mehrwerte für alle stiften können – bei uns, aber auch global. Denn KI kann unsere Arbeit erleichtern, individuelles Lernen fördern, die Pflege von Menschen unterstützen und die Medizintechnik deutlich nach vorne bringen – also unser Leben besser, leichter, gesünder machen. Gleichzeitig sehe ich aber auch massive Risiken, die von Generativer KI ausgehen. Dazu zählen zum Beispiel Falsch- und Desinformationen, die die Systeme schnell und billig produzieren können, Verstärkung von Diskriminierung und Marginalisierung oder die Verbreitung persönlicher Informationen, die den Anwendungen bereits entlockt werden konnten.

Maßgeblich für den Output der Anwendungen Generativer KI sind die Trainingsdaten. Sogenannte Large Language Models wie ChatGPT werden mit riesigen Datenmengen trainiert. Besonders sprachlich und inhaltlich hochwertige Texte wie beispielsweise wissenschaftliche Publikationen sind allerdings knapp – mit der Folge, dass auch auf weniger wertige Inhalte zurückgegriffen wird. Das können zum Beispiel Texte aus Internetforen sein, wo auch etwa Sexismus, Rassismus, Rechtsextremismus, Antisemitismus oder Queerfeindlichkeit präsent sind. All das wird dann von den Systemen – abhängig von Menge und Gewichtung im Trainingsprozess – reproduziert.

Der Hype, den ChatGPT und Co. ausgelöst haben, schafft nun ein politisches Momentum, um breitere Aufmerksamkeit auf laufende Debatten zu lenken. Die Antwort auf die Risiken Generativer KI kann aber nicht Stillstand sein. Denn selbst wenn wir uns zurückziehen, wird es andere Akteure wie etwa China geben, die das nicht tun werden. Keine Verbote, kein Moratorium: Vertrauenswürdige KI kann es nur durch Regulierung geben.

Mit dem Artificial Intelligence Act entsteht die weltweit erste umfassende Regulierung Künstlicher Intelligenz. Mithilfe eines risikobasierten Ansatzes werden diejenigen Anwendungen, die ein hohes Risiko für Gesundheit, Sicherheit und Grundrechte darstellen, strengen Regeln unterworfen. Anwendungen, von denen ein inakzeptables Risiko ausgeht, werden verboten. Die große Mehrheit der KI-Anwendungen – nämlich die, die in den niedrigsten Risikostufen eingeordnet werden – müssen keine oder nur wenige Auflagen erfüllen. So regulieren wir zielgenau und lassen weiterhin Raum für Innovation. Kennzeichnung ist dabei ein zentrales Thema. Das schafft Bewusstsein und befähigt zu einer informierten Einschätzung zur Vertrauenswürdigkeit eines generierten Inhalts. So geben wir ein Stück Kontrolle an diejenigen zurück, die von den Chancen Künstlicher Intelligenz besonders profitieren sollen: die Menschen.

Parsa Marvi, MdB
Mitglied des Ausschusses für Digitales und
Berichterstatter für den Artificial Intelligence Act

1. Künstliche Intelligenz: Die Grundlagen

Künstliche Intelligenz beschäftigte die Wissenschaft mehr als sechs Jahrzehnte, bevor das Expertenthema ins Rampenlicht einer breiteren Öffentlichkeit rückte. Man spricht auch vom „ChatGPT-Moment", denn der populäre Chatbot der Firma OpenAI hat die Teildisziplin „Generative KI" Ende 2022 erstmals für viele Nutzer weltweit greifbar gemacht. Das dialogbasierte Funktionsprinzip und die erstaunliche Fähigkeit von ChatGPT, Eingabeaufforderungen von Nutzern, sogenannte Prompts, zu verstehen und daraus Texte, Zusammenfassungen, Tabellen oder Programmiercode zu generieren, hat Menschen rund um den Globus fasziniert. Ebenso wie Midjourney, Whisper und andere Lösungen zur dialogbasierten Generierung von Bildern und Videos, zur synthetischen Spracherzeugung oder zur Spracherkennung und Transkription. Der hohe Nutzwert der Generativen KI und die Leistungsfähigkeit der zugrunde liegenden Sprachmodelle wie GPT oder Llama haben einen ersten Eindruck davon vermittelt, welche Revolution Künstliche Intelligenz für die Arbeitswelt und unseren Alltag bedeuten wird. Um ChatGPT und seine Fähigkeiten besser zu verstehen, beginnen wir in diesem Kapitel mit den wichtigsten Grundlagen der Künstlichen Intelligenz, die auf eine lange Geschichte zurückblicken kann.

1.1 Verschiedene Kategorien der Künstlichen Intelligenz

In Philosophie und Literatur reichen die Wurzeln der Vorstellungen von Maschinen mit menschenähnlichen Fähigkeiten bis ins frühe 16. Jahrhundert zurück. Spätestens mit der Konferenz im Jahr 1956 „Summer Research Project on Artificial Intelligence“ am Dartmouth College im US-Bundesstaat New Hampshire wurde die Künstliche Intelligenz zu einer eigenständigen wissenschaftlichen Disziplin. Treibende Kraft war der Informatiker John McCarthy. Vor ihm hatten bereits de La Mettrie, Turing, Popper und Dreyfus wichtige Grundlagen gelegt. Aber auch Namen wie Samuel, Minsky, Weizenbaum, Shortliffe und Altman begleiten uns in den folgenden Jahrzehnten bis heute.

Entwicklung ohne Zielpunkt

Es ist wichtig, zu verstehen, dass Künstliche Intelligenz eine langfristige Entwicklung ist, die noch lange nicht abgeschlossen sein wird. Eine Generative KI wie ChatGPT ist ein faszinierender Zwischenstand, ein Teilaspekt. Und zur Entwicklung einer menschenähnlichen Intelligenz gehören neben Informatik und Logik auch die Neurowissenschaften, aber ebenso Ethik und Recht. Denn KI ist – zumindest in weiteren Evolutionsschritten – weit mehr als ein leistungsfähiges IT-Werkzeug. Schon heute ist die Technik in mancher Hinsicht deutlich weiter als die gesellschaftliche Verständigung über den gewünschten und ethisch vertretbaren Grad der Revolution.

Narrow AI für dedizierte Aufgaben

Der Begriff Narrow AI – manchmal auch als schwache KI bezeichnet – beschreibt KI-Systeme, die für die Ausführung einer einzigen Aufgabe oder einer Gruppe verwandter Aufgaben entwickelt wurden. Diesen KI-Systemen fehlt es an allgemeiner Intelligenz und sie sind nicht in der Lage, Aufgaben auszuführen, die nicht für sie bestimmt sind. Systeme mit eingeschränkter KI werden entwickelt, um spezifische Probleme zu lösen, zum Beispiel Bilderkennung, Sprachübersetzung, Spracherkennung und Entscheidungsfindung. Diese KI-Systeme werden mit großen Datenmengen trainiert und verwenden Algorithmen zur Analyse und Interpretation der Daten.

Genauigkeit und Effizienz

Nach dem Training ist das KI-System in der Lage, die spezifische Aufgabe, für die es entwickelt wurde, mit hoher Genauigkeit und Effizienz auszuführen. Insofern ist der Begriff „schwache KI“ sicherlich etwas irreführend. In dem Aufgabenbereich, für den sie trainiert wurde, liefert Narrow AI oft qualitativ bessere und vor allem reproduzierbarere Ergebnisse als ein Chatbot. Und Genauigkeit und Effizienz sind für den Einsatz in großen Projekten in Industrie oder Forschung sehr relevant.

Alexa und Co.

Einige etablierte Beispiele für Narrow AI sind Sprachassistenten wie Amazon Alexa, immer leistungsfähigere Bilderkennungssysteme oder auch Lösungen zur Risikoidentifikation und Betrugserkennung. Diese KI-Lösungen sind seit vielen Jahren im Einsatz und werden ständig verbessert.

Strong AI oder AGI

Artificial General Intelligence (AGI), oft auch als „Strong AI" bezeichnet, ist eine noch weitgehend hypothetische Form der künstlichen allgemeinen Intelligenz. Sie wäre in der Lage, alle intellektuellen Leistungen zu erbringen, zu denen Menschen in einer Vielzahl von Bereichen fähig sind. Die Entwicklung von KI ist ein wichtiges Forschungsgebiet der Künstlichen Intelligenz, das unser Leben maßgeblich beeinflussen wird. Derzeit liegt der Schwerpunkt auf Bereichen wie Gesundheit, Verkehr und Fertigung.

Strong AI macht große Fortschritte, ist aber eine komplexe und herausfordernde Aufgabe, die neben der Informatik vor allem die Neurowissenschaften und die kognitive Psychologie benötigt, denn KI-Systeme mit allgemeiner Intelligenz haben die menschliche Intelligenz zum Vorbild, müssen Aufgaben aus verschiedenen Bereichen ausführen, aus Erfahrungen lernen und sich an neue Situationen anpassen.

Ethik im Fokus

ChatGPT lässt bereits erahnen, wie leistungsfähig AGI-Lösungen sein werden. Und es zeigt die Notwendigkeit einer Debatte über unsere Werte und Ziele, damit Strong AI am Ende nicht gegen menschliche Interessen verstößt. Im Kern geht es darum, dass die Systeme ethisch korrekt entwickelt werden und der Gesellschaft als Ganzes nützen. Nur ein kollaborativer und multidisziplinärer Ansatz, der Experten aus Bereichen wie Ethik und Recht einbezieht, kann zukunftssichere Leitplanken schaffen: Spielregeln, die sicherstellen, dass KI bestehende Ungleichheiten nicht verschärft.

Superintelligenz

Die Entwicklung von Superintelligenz ist eines der ultimativen Ziele und eine große Herausforderung der KI-Forschung. Einige mögliche Ansätze zur Entwicklung von Superintelligenz sind:

- Künstliche neuronale Netze: Dieser Ansatz versucht, Superintelligenz durch künstliche neuronale Netze zu modellieren, die aus miteinander verbundenen Einheiten bestehen, die Informationen parallel verarbeiten.
- Emulation des gesamten Gehirns: Bei diesem Ansatz wird versucht, Superintelligenz zu modellieren, indem die Struktur und die Funktion des menschlichen Gehirns mit einem hohen Detaillierungsgrad erfasst und nachgebildet werden.
- Evolutionäre Algorithmen: Bei diesem Ansatz wird versucht, Superintelligenz mithilfe „evolutionärer" Algorithmen zu entwickeln, die von der natürlichen Selektion und Variation inspiriert sind.
- Artificial General Intelligence: Bei diesem Ansatz wird versucht, eine Superintelligenz von Grund auf neu zu entwickeln, die als Artificial General Intelligence über menschenähnliche Intelligenz und ein Bewusstsein verfügt.

Dem menschlichen Gehirn überlegen
Ein superintelligenter Agent ist noch ein hypothetisches System, dessen Intelligenz die der brillantesten menschlichen Köpfe bei Weitem übertreffen würde. Problemlösende Systeme, die solche Eigenschaften aufweisen und den Menschen in bestimmten Aufgaben deutlich übertreffen, werden manchmal auch als Superintelligenz bezeichnet. Häufig basieren sie jedoch noch auf der Rechenleistung von Großrechnersystemen.

Künstliche Intelligenz hat viele Facetten; die Arbeit an einer menschenähnlichen allgemeinen Künstlichen Intelligenz oder gar einer uns überlegenen Superintelligenz sind nur zwei Ausprägungen. Der faszinierende Chatbot ChatGPT und vergleichbare Lösungen der Generativen KI sind hier praktische Anwendungen mit breitem Nutzwert für viele Menschen, aber noch lange nicht das Ende der Fahnenstange.

1.2 ChatGPT und Generative KI

ChatGPT ist kein Fantasiename. GPT in ChatGPT steht für „Generative Pre-Trained Transformer". Generativ bedeutet, dass das Modell aus einer Eingabe neuen Text erzeugen kann und nicht nur aus einem vordefinierten Satz von Antworten. „Pre-Trained" bedeutet, dass das Modell auf einer sehr großen Menge von Textdaten trainiert wurde, bevor es für Benutzeraufgaben eingesetzt werden kann. Ein Transformator besteht aus Schichten neuronaler Netze, die sequenzielle Daten wie Text oder Sprache verarbeiten und komplexe Beziehungen zwischen ihnen erkennen.

Die Idee dahinter

ChatGPT ist ein dialogorientiertes KI-Modell (Chat), das von der Firma OpenAI auf der Grundlage der GPT-Architektur entwickelt wurde. Das Modell wurde mit einer Vielzahl von Internettexten trainiert, sodass es in der Lage ist, menschenähnlichen Text zu erzeugen, wenn es dazu aufgefordert wird. Es kann verschiedene Aufgaben ausführen, wie z. B. Fragen beantworten, über verschiedene Themen diskutieren oder Texte verschiedener Genres erzeugen. ChatGPT kann sich auch an verschiedene Sprachstile und Tonalitäten anpassen, je nach Kontext und Wünschen des Benutzers. Und es kann sich an Rollen und Profile erinnern.

Menschenähnlicher Chatbot

Die Grundidee hinter ChatGPT ist es, einen KI-gesteuerten Chatbot zu entwickeln, der auf natürliche Weise mit den Nutzern interagiert – ohne vordefinierte Skripte oder Vorlagen. Ziel ist es, den Chatbot wie einen echten Menschen erscheinen zu lassen, der die Nuancen und Feinheiten der menschlichen Sprache erfassen und Antworten geben kann, die sowohl informativ als auch ansprechend sind. Um dieses Ziel zu erreichen, wird ChatGPT mit einer großen Menge von Textdaten trainiert, die typischerweise aus dem Internet stammen und derzeit bis zu zwei Jahre alt sein können. ChatGPT ist so konzipiert, dass es sehr flexibel und anpassbar ist, sodass die Benutzer das Modell an ihre spezifischen Bedürfnisse und Anwendungsfälle anpassen können.

Neurolinguistische Techniken

ChatGPT verwendet fortgeschrittene Techniken der Neurolinguistik, um Texteingaben zu analysieren und zu verstehen, einschließlich Stimmungsanalyse und Erkennung von Entitäten und Absichten. ChatGPT berücksichtigt bei der Generierung von Antworten alle Aspekte einer Konversation und kann so kohärente und kontextbezogene Antworten generieren.

Entwicklung von ChatGPT

Die bisherige Historie von ChatGPT ist insofern interessant, als dass es mehrere konkurrierende Chatbot-Systeme gibt, in deren Entwicklung namhafte Unternehmen teilweise Milliarden Dollar investiert haben. ChatGPT hebt sich derzeit durch mehrere Merkmale von der Konkurrenz ab: OpenAI ist es gelungen, die Vielfalt und Konsistenz der Antworten deutlich zu verbessern. Die Antworten klingen heute sehr persönlich und ansprechend – dank Sentiment-Analyse und Emotionserkennung. Auch die Zuverlässigkeit und Ethik der Antworten wurde massiv verbessert.

ChatGPT 3.5 (der Vorgänger der aktuellen Version) wurde von OpenAI auf Basis der GPT-3.5-Architektur entwickelt, einem Sprachmodell, dessen Training Anfang 2022 abgeschlossen wurde. GPT-3.5 hat 175 Milliarden Parameter, also numerische Werte, die bestimmen, wie das Modell die Eingabe verarbeitet und die Ausgabe erzeugt. Die besondere

Leistung von OpenAI liegt in der Feinabstimmung für spezifische Aufgaben. Feintuning allein reichte jedoch nicht aus, um die gewünschte Qualität und Konsistenz für ChatGPT zu erreichen, die die Benutzer heute so begeistert. OpenAI setzte daher auf „Reinforcement Learning from Human Feedback" (RLHF), um die Leistung von ChatGPT weiter zu verbessern. Dabei handelt es sich um eine Methode, KI-Modelle mit menschlichen Bewertungen als Belohnung zu trainieren. RLHF lernt also aus dem Feedback der Benutzer.

Prozessverlauf

OpenAI verwendet RLHF, um ChatGPT auf einer menschlichen Dialogbasis zu trainieren. Der Prozess bestand aus mehreren Schritten: Zunächst wurde eine überwachte Feinabstimmung durchgeführt, um das Ausgangsmodell zu trainieren. Anschließend wurde ein Verstärkungsanreizmodell entwickelt und trainiert. Das Modell wurde insbesondere mit einem Algorithmus verfeinert, der die Modellparameter in Abhängigkeit von der Belohnung aktualisiert. Das Modell wurde dann anhand verschiedener Metriken wie Komplexität, Diversität, Kohärenz, Engagement und Sicherheit bewertet.

Besonderheiten von ChatGPT

ChatGPT hat ein enormes Potenzial, das sich derzeit teilweise nur auf Entwicklerseite über einen API-Zugang entfalten kann. Insbesondere die kostenpflichtigen Abonnenten von ChatGPT haben aber schon heute Zugriff auf immer mächtigere Funktionen. Das Spektrum der Konversationsthemen und -bereiche ist sehr breit – von Allgemeinwissen und Trivia über Unterhaltung und Sport bis hin zu Wissenschaft. Der Chatbot passt seine Antworten der Stimmung, dem Tonfall und den Vorlieben des Benutzers an. Er kann auch Emotionen und Gefühle in seinen Antworten ausdrücken.

Visuelle Inhalte

ChatGPT kann mit seiner Schwester DALL-E visuelle Inhalte wie Bilder und Zeichnungen als Antwort auf Benutzeranfragen generieren. Es kann auch visuelle Inhalte, die von Benutzern bereitgestellt werden, beschreiben und interpretieren. Als Antwort auf Benutzeranfragen kann der Chatbot Audioinhalte wie Sprache und Musik generieren oder vom Benutzer bereitgestellte Audioinhalte transkribieren und übersetzen. Darüber hinaus kann ChatGPT Codeschnipsel wie HTML, CSS, JavaScript, Python usw. generieren. Besonders beliebt bei Entwicklern ist die Möglichkeit, den gelieferten Code zu debuggen, also Fehler zu finden. All diese Features sind nur die Spitze des Eisbergs. Mittlerweile hat Microsoft viele ChatGPT-Features in seine Office-Produkte integriert.

Optimierung vonnöten

Es ist wichtig, zu verstehen, dass die Bereitstellung von Features die Roadmap zur Optimierung des Modells berücksichtigt. So war ChatGPT 4.0 im Jahr 2023 nicht einfach die Weiterentwicklung des Modells 3.5 aus dem Vorjahr. Die Sprachmodelle wurden anders trainiert. Zudem ist der Betrieb sehr serverintensiv.

Einschränkungen, die vor allem von kostenlosen Nutzern bemerkt werden, sind daher keine Programmfehler, sondern beruhen auf Ressourcenengpässen. Gleiches gilt für die teilweise schwankende Qualität der Ausgabe und die mangelnde Reproduzierbarkeit der Ergebnisse.

Individuelle Bots

Bereits im November 2023 hat OpenAI ein weiteres Potenzial von ChatGPT vorgestellt. Erfahrene Entwickler können für bestimmte Aufgaben-Szenarien einen eigenen dedizierten Chatbot erstellen und diesen über einen Marktplatz interessierten Anwendern anbieten. Die Idee greift als Vorbild die äußerst erfolgreichen App-Marktplätze für iOS und Android auf. Diese individuellen Bots sind natürlich auch für Unternehmen eine Möglichkeit, sich ein maßgeschneidertes GPT zu konfigurieren.

Diese Idee ist besonders für Branchenlösungen und feste Workflows interessant. Und sie geht Hand in Hand mit der Anbindung an die beliebte Universal-Schnittstelle und Software-Middleware „Zapier". ChatGPT kann damit zum sehr persönlichen Assistenten werden, der künftig bei dedizierten Aufgaben reproduzierbarere Qualität liefert und zudem mit sehr vielen gängigen Softwareprogrammen interagieren kann. Zusammen mit der ebenfalls weiterentwickelten Voice-Fähigkeit könnte ChatGPT zur deutlich intelligenteren und mächtigeren „Alexa" werden.

Universal-Schnittstelle

Dieses Update-Feuerwerk von OpenAI sollte aber nicht darüber hinwegtäuschen, dass sich der gesamte KI-Markt noch in der Findungsphase befindet. Außerdem handelt es sich bei vielen dieser Features nicht um die Weiterentwicklung des Sprachmodells, die parallel vorangetrieben wird, sondern um Versuche, eine lebendige Entwickler-Community für individuelle Bots zu etablieren und mit Zapier Schnittstellen anzubieten, die auch Nicht-Entwickler bedienen können. Die API-Schnittstelle ist dagegen eher für die größeren OpenAI-Partner mit Volumenverträgen interessant.

Die Interaktion von ChatGPT mit anderen Anwendungen erhöht außerdem gleichzeitig die rechtlichen Herausforderungen für Unternehmer. OpenAI zeigt mit vielen Roadmap-Ankündigungen die vielfältigen Möglichkeiten, wie sich auch ein einzelner Anwender auf Basis von ChatGPT seinen täglich hilfreichen KI-Assistenten realisieren kann. Die wirklichen Fähigkeiten der Künstlichen Intelligenz und die rasanten Entwicklungssprünge werden von solchen Usability-Themen aber überlagert. Zu Unrecht, denn wir sehen erst die sprichwörtliche Spitze des Eisbergs.

Generative KI-Lösungen wie der Chatbot ChatGPT sind darauf trainiert, auf Basis eines Prompts, also einer Texteingabe, Inhalte zu analysieren, Zusammenhänge zu verstehen und neue Inhalte unterschiedlicher Genres zu generieren. Dabei interagiert der Chatbot mit dem Nutzer und verfeinert seine Ergebnisse im Dialog. Die Systeme versuchen, auf Basis ihrer riesigen Trainingsdaten Ergebnisse zu generieren,

die mit möglichst hoher Wahrscheinlichkeit richtig sind und zudem in Form und Tonalität den Erwartungen des Nutzers für den dedizierten Anwendungsfall entsprechen.

1.3 Maschinelles Lernen und neuronale Netze

Künstliche Intelligenz erwirbt ihre Fähigkeiten durch Training mit zum Teil sehr umfangreichen Trainingsdaten. Die verschiedenen Kategorien des maschinellen Lernens bilden daher eine wichtige Grundlage der KI. Darüber hinaus kommen neuronale Netze zum Einsatz, die der Struktur des menschlichen Gehirns nachempfunden sind und so dazu beitragen können, der KI universellere, am Menschen orientierte Fähigkeiten zu verleihen.

Maschinelles Lernen

Das maschinelle Lernen, ein Teilgebiet der Künstlichen Intelligenz, konzentriert sich auf die Entwicklung statistischer Modelle und Algorithmen, die es Computern ermöglichen, aus Daten zu lernen, ohne explizit programmiert zu werden. Das maschinelle Lernen kommt in vielen Anwendungen der Künstlichen Intelligenz zum Einsatz: Bild- und Spracherkennung, Verarbeitung natürlicher Sprache, Empfehlungssysteme, Betrugserkennung und voll- oder teilautonomes Fahren.

- Beim überwachten Lernen („Supervised Learning“) wird ein Lernmodell auf markierten Daten mit bekannten Eingabe- und Ausgabevariablen trainiert. Ziel ist es, die Ausgabevariable für neue Eingabedaten korrekt vorherzusagen.

- Beim unüberwachten Lernen („Unsupervised Learning“) wird ein Modell mit unmarkierten Daten trainiert. Ohne Vorwissen über die Ausgangsvariablen sollen Muster und Beziehungen in den Daten erkannt werden.
- Beim Verstärkungslernen („Reinforcement Learning“) wird das Modell so trainiert, dass es Urteile auf der Grundlage von „Belohnungen“ und „Bestrafungen“ trifft, die es für bestimmte Verhaltensweisen in einer Umgebung gibt. Dies ist auch die Grundlage für das Training von ChatGPT.

Die Funktion neuronaler Netze

Computersysteme, die als neuronale Netze bezeichnet werden, sind dem Aufbau und der Funktionsweise des menschlichen Gehirns nachempfunden. Im menschlichen Gehirn gibt es Milliarden von Neuronen, spezialisierte Zellen, die untereinander Nachrichten austauschen. Jedes Neuron besteht aus einem Zellkörper, einem Axon und mehreren Dendriten. Das Axon ist ein Fortsatz, der aus dem Zellkörper herausragt und Signale an andere Nervenzellen weiterleitet. Kürzere Fortsätze, die Dendriten, empfangen Signale von anderen Neuronen. Der Punkt, an dem ein Axon auf einen Dendriten trifft, wird Synapse genannt, hier werden Informationen zwischen Neuronen übertragen.

Knoten als Verbindung

Ein neuronales Netz in der KI ist ein vereinfachtes Modell dafür, wie Neuronen zusammenarbeiten, um Informationen zu verarbeiten. Es besteht aus einer Vielzahl synthetischer Neuronen oder Knoten, die durch Verbindungen oder Kanten miteinander verknüpft sind. Jede Verbindung hat ein Gewicht oder einen numerischen Wert, der die Stärke der Verbindung zwischen zwei Knoten angibt. Jeder Knoten hat auch einen numerischen Wert oder eine Vorspannung, die seine Neigung zum „Feuern“ oder Aktivieren angibt. Ein Knoten kann über seine Eingangsverbindungen Eingaben von vielen anderen Knoten erhalten und er kann über seine Ausgangsverbindungen Ausgaben an viele andere Knoten senden.

Lernfähigkeit durch Daten

Neuronale Netze können ohne explizite Regeln oder Formeln aus Daten lernen. Sie können auch komplexe und nicht lineare Beziehungen zwischen Eingaben und Ausgaben verarbeiten und gut für neue und noch nie gesehene Daten verallgemeinern sowie mehrere Aufgaben gleichzeitig ausführen.

Deep Learning

Deep Learning ist eine Form des maschinellen Lernens, bei der viele Schichten synthetischer Neuronen verwendet werden, um aus Daten zu lernen und schwierige Aufgaben zu lösen. Deep Learning wird in vielen Bereichen der KI eingesetzt, zum Beispiel in der maschinellen Bildverarbeitung, der Verarbeitung natürlicher Sprache und in der Spracherkennung.

Deep-Learning-Modelle lassen sich grob in vier Kategorien einteilen:

- „Feedforward Networks“ sind die einfachste und grundlegendste Art von Deep-Learning-Modellen. Sie bestehen aus einer oder mehreren Schichten künstlicher Neuronen, die in Vorwärtsrichtung verschaltet sind.
- „Convolutional Networks“ sind Feedforward-Netzwerke, die für die Verarbeitung räumlich strukturierter Daten wie Bilder, Video oder Audio konzipiert sind.
- „Recurrent Networks“ verarbeiten sequenzielle Daten wie Text, Sprache oder Zeitreihen. Sie verwenden rekurrente Schichten mit einem Zustandsgedächtnis, das Informationen aus früheren Zeitschritten speichert, sodass sie zeitliche Abhängigkeiten oder Muster in den Eingabedaten erkennen können.
- „Attention Networks“ verarbeiten komplexe oder hierarchische Daten wie Texte, Bilder oder Diagramme. Sie verwenden Aufmerksamkeitsebenen, die Bewertungen oder Gewichtungen für Paare von Ein- und Ausgabedaten auf der Grundlage ihrer Ähnlichkeit oder Relevanz berechnen.

Reduzieren der Komplexität

Deep-Learning-Modelle benötigen eine große Menge an markierten Daten, um effektiv lernen zu können. Diese Daten sind jedoch meist knapp und teuer. Die Modelle sind oft komplex und daher undurchsichtig. Es ist manchmal schwer nachzuvollziehen, warum sie bestimmte Entscheidungen treffen. Um Zuverlässigkeit und Reproduzierbarkeit zu gewährleisten, versuchen Entwickler, die Komplexität zu reduzieren.

Nach mehr als sechs Jahrzehnten im Schatten der wissenschaftlichen Forschung hat die Künstliche Intelligenz mit dem „ChatGPT-Moment“ endlich die breite Öffentlichkeit erreicht.

- Diese als Generative KI bekannte Teildisziplin der KI ist in der Lage, auf Benutzeranfragen zu reagieren und eine Vielzahl von Inhalten, wie Texte, Tabellen oder sogar Programmiercodes, zu erzeugen.
- Beispiele wie ChatGPT, Midjourney und Whisper demonstrieren eindrucksvoll das Potenzial dieser Technologie sowohl im Alltag als auch im beruflichen Kontext.
- Diese Entwicklungen sind jedoch nur die Spitze des Eisbergs. KI hat viele Facetten, einschließlich der Arbeit an menschenähnlichen und sogar superintelligenten Systemen.
- Generative KI-Modelle wie ChatGPT sind darauf trainiert, relevante und nützliche Ergebnisse auf der Grundlage großer Datenmengen zu liefern, auch wenn die Herausforderung der Datenknappheit und der Komplexität der Modelle bestehen bleibt.

2. Nutzung von ChatGPT

Künstliche Intelligenz und insbesondere große Sprachmodelle wie ChatGPT sind in den letzten Jahren immer mehr in den Fokus der Öffentlichkeit gerückt. ChatGPT beeindruckt durch eloquente Konversationen und erstaunlich menschliches Textverständnis. Doch woher kommt diese Technologie, wie funktioniert sie und wie lässt sich das Potenzial optimal nutzen? In diesem Kapitel erhalten Sie einen Überblick über die Geschichte, die Funktionsweise und die optimalen Einsatzmöglichkeiten von ChatGPT.

Die Faszination, sich mit einem Computer durch natürliche Konversation austauschen zu können, reicht bis in die Anfänge der KI-Forschung in den 1950er-Jahren zurück. Damals entstand auch der Begriff der „Künstlichen Intelligenz". In den letzten Jahren kam dann der entscheidende Durchbruch durch neurowissenschaftliche Erkenntnisse, massiv gesteigerte Rechenpower und die Verfügbarkeit riesiger Datenmengen. Methoden wie neuronale Netze und Deep Learning ermöglichten enorme Fortschritte.

Durch geschickte Gesprächsführung lassen sich erstaunlich gute Ergebnisse erzielen. Die Grenzen des Machbaren werden sich mit der Zeit weiter verschieben. In diesem Kapitel erfahren Sie mehr über die spannende Technologie.

2.1 Woher kommt ChatGPT?

Die faszinierende Technologie von ChatGPT basiert auf jahrzehntelanger Forschung und einer ganzen Reihe von Durchbrüchen in der Künstlichen Intelligenz. Schon in den 1940er-Jahren gab es erste Überlegungen zu „intelligenten" Maschinen. Der Begriff „Künstliche Intelligenz" wurde geprägt und die Forschung nahm in den 1950er-Jahren Fahrt auf. Nach dem ersten Hype kam es zu einem „KI-Winter", bevor neuronale Netze und Deep Learning ab den 1980er-Jahren einen neuen Aufschwung brachten.

Erste fundamentale Überlegungen

Die Ursprünge der KI-Forschung reichen bis ins Jahr 1943 zurück. Damals veröffentlichten die Wissenschaftler Warren McCulloch und Walter Pitts einen bahnbrechenden Aufsatz über neuronale Netzwerke. Sie entwickelten ein vereinfachtes Modell der Funktionsweise von Nervenzellen und zeigten, wie sich damit logische Operationen nachbilden lassen. Dies war der Grundstein dafür, Maschinen und Computer „denken" zu lassen.

Die Anfänge

Einen weiteren Meilenstein stellt Alan Turings Arbeit „Computing Machinery and Intelligence" von 1950 dar. Turing gilt als einer der Väter der Informatik und legte erstmals Testkriterien fest, um Intelligenz zu messen. Er präsentierte bereits die Vision, dass Maschinen dereinst in der Lage sein könnten, jeden beliebigen Gedankengang nachzuvollziehen – die Geburtsstunde der KI.

Etablierung des Forschungsfelds KI

Im Jahr 1956 wurde auf einer Konferenz im US-amerikanischen Dartmouth, New Hampshire, der Begriff „Künstliche Intelligenz" geprägt. Diese Konferenz gilt als Geburtsstunde des neuen Forschungsfeldes KI. In den folgenden Jahren wurden große Hoffnungen und finanzielle Mittel in die Entwicklung denkender Maschinen gesteckt. Schwerpunkte der Forschung in dieser Zeit waren Logik, das Lösen von Problemen und natürlichsprachliche Kommunikation.

KI-Winter

Bereits in den 1960er-Jahren gab es erste nennenswerte Erfolge. So wurde der erste Schachcomputer entwickelt, der gegen einen Menschen gewinnen konnte. Joseph Weizenbaum programmierte ELIZA – einen Vorläufer heutiger Chatbots, der einfache Unterhaltungen simulieren konnte. Fragen und Antworten klangen jedoch lediglich menschenähnlich. Damit wurden die riesigen Erwartungen aber auch enttäuscht und ab 1970 kam es zum Einbruch, der als „KI-Winter" bezeichnet wird.

Nach dieser Stagnation an Forschungsausgaben und kollektiven wissenschaftlichen Erkenntnissen sollte es im kommenden Jahrzehnt umso spannender werden.

Wiederaufschwung in den 1980er-Jahren

Erst in den 1980er-Jahren erlebte die KI-Forschung eine Renaissance. Dies lag vor allem an Fortschritten bei neuronalen Netzen. 1943 von McCulloch und Pitts theoretisch beschrieben, mangelte es lange an Rechenpower für praktische Umsetzungen. Durch neue Algorithmen und Hardware wurden neuronale Netze wieder populär. Sie bildeten die Basis für Deep Learning.

Backpropagation

Ein Meilenstein war die Entwicklung von Backpropagation Ende der 1980er-Jahre. Damit konnten neuronale Netze durch Rückkopplung des Outputs schneller und effizienter trainiert werden. In den folgenden Jahrzehnten nahm die Leistungsfähigkeit dieser Netze explosionsartig zu. Dies war eine wesentliche Voraussetzung für große Sprachmodelle wie ChatGPT.

Deep Learning Revolution

In den 2010er-Jahren kam es dann zur Deep Learning Revolution – angeführt von Geoffrey Hinton, Yann LeCun und Yoshua Bengio, die 2021 den Turing Award für ihre Arbeit erhielten. Deep Learning ermöglichte es, neuronale Netze mit massiv komplexeren und erweiterten Schichten zu trainieren. Damit ließen sich neue, deutlich anspruchsvollere Probleme analysieren und letztlich auch publikumswirksam lösen.

Die wichtigsten Meilensteine dieser Phase waren:

- 2012 schlägt das Convolutional Neural Network AlexNet die Konkurrenz bei der Bilderkennung.
- Word2Vec (2013) ermöglicht es, dass KI Bedeutungen von Wörtern und Zusammenhänge dazwischen versteht.
- 2015: AlphaGo besiegt erstmals einen Profi im komplexen Brettspiel Go.
- 2016: DeepMind entwickelt Algorithmen, die menschliche Sprache verstehen und generieren können.

Diese Innovationen bilden die Grundlagen für große Sprachmodelle wie GPT-3 und ChatGPT. Die nötige Rechenpower und das Zur-Verfügung-Stellen von riesigen Datenmengen verhalfen zu diesem Durchbruch.

Die Entwicklung von ChatGPT

Aufbauend auf diesen jahrzehntelangen Forschungsarbeiten wurde ChatGPT entwickelt. Die Grundlagentechnologie stammt vom Unternehmen OpenAI, das 2015 unter anderem zusammen mit dem bekannten Unternehmer Elon Musk gegründet wurde. OpenAI hatte es sich zur Aufgabe gemacht, die Entwicklung einer deutlich anwenderfreundlicheren Nutzungsoberfläche und allgemein nutzbaren KI zu fördern.

GPT-3

Fünf Jahre Entwicklung sollte es dauern, bis dann im Jahr 2020 OpenAI für Aufsehen mit der Veröffentlichung von GPT-3 sorgte, dem bisher größten Sprachmodell mit 175 Milliarden Parametern. GPT-3 konnte erstaunlich eloquente und menschenähnliche Texte generieren. Allerdings war der Fokus noch nicht auf Dialoge ausgelegt. Aufbauend auf GPT-3 wurde ChatGPT speziell für Konversationen trainiert und Ende 2022 für eine Beta-Testphase veröffentlicht. Die Technologie befindet sich in einem laufenden Entwicklungszustand, hat aber bereits enorme Fähigkeiten gezeigt.

Erster großer Meilenstein

Mit ChatGPT hat OpenAI einen Meilenstein in der Entwicklung konversationsfähiger KI-Systeme erreicht. Doch diese Entwicklung schreitet mit großen Schritten weiter voran. Mit der Version ChatGPT 4 werden die Fähigkeiten des Vorgängers deutlich übertroffen und das System für natürliche Konversationen optimiert. Im Fokus stehen noch mehr Präzision, Faktenwissen und eine größere Modellarchitektur. Experten gehen davon aus, dass ChatGPT die menschliche Sprachfähigkeit in vielen Bereichen erreichen oder sogar übertreffen wird.

Solide wirtschaftliche Basis

Die rasante Weiterentwicklung wird auch durch die hohen Nutzerzahlen und gewaltige Investitionen angeheizt. ChatGPT verzeichnete innerhalb kürzester Zeit Millionen tägliche Nutzer. Diese Nutzerbasis liefert OpenAI wertvolle Daten, um das System immer weiter zu trainieren. Auch finanziell ist die Entwicklung abgesichert. 2021 sammelte OpenAI Investmentgelder in Höhe von über einer Milliarde US-Dollar ein. Zu den Geldgebern gehörten bekannte Namen wie Microsoft, Amazon und Sequoia Capital.

Die KI-Forschung schreitet mit Highspeed voran. Schon in wenigen Jahren könnten Systeme wie ChatGPT unseren Alltag und die Arbeitswelt revolutionieren. Der Wettlauf um die beste KI-Technologie ist in vollem Gange. Die historische Entfaltung der Künstlichen Intelligenz von ihren zaghaften Anfängen bis hin zu aktuellen Meilensteinen wie ChatGPT zeigt die Mannigfaltigkeit dieses faszinierenden Forschungsfeldes. Ausgehend von frühen visionären Ideen, haben jahrzehntelange Grundlagenarbeit und technologische Durchbrüche schließlich den Boden für unsere heutigen, wenn auch noch begrenzten, praktischen Anwendungen bereitet.

2.2 Wie arbeitet ChatGPT?

ChatGPT ist ein sogenanntes großes Sprachmodell auf Basis künstlicher neuronaler Netze. Die Technologie wurde mithilfe von Machine Learning trainiert und kann dadurch selbstständig verblüffend eloquente Texte generieren. Große Sprachmodelle wie ChatGPT basieren auf einem maschinellen Lernverfahren namens Natural Language Processing (NLP). Dabei werden Algorithmen so trainiert, dass sie die Struktur und Regeln menschlicher Sprache verstehen und sinnvolle Texte generieren können.

Künstliches Gehirn

Möglich wird dies durch künstliche neuronale Netze, die dem menschlichen Gehirn nachempfunden sind. Sie bestehen aus Milliarden virtueller Neuronen und Synapsen, die über Lernalgorithmen wie Backpropagation trainiert werden. Im Fall von ChatGPT wurde das System anhand von Abermilliarden Textbeispielen aus dem Internet auf das Verfassen eigener Texte konditioniert.

Transformer-Netzwerke

Die zugrunde liegenden künstlichen neuronalen Netze ahmen die Arbeitsweise von biologischen Nervenzellen nach. Sie bestehen aus vielen einfachen Prozessoreinheiten, den künstlichen Neuronen, die untereinander vernetzt sind. Anhand beispielhafter Trainingsdaten können sie Zusammenhänge erkennen und das Gelernte auf neue Daten anwenden. Je nach Anwendung gibt es verschiedene Typen neuronaler Netze. Für die Sprachverarbeitung in ChatGPT kommen vor allem sogenannte Transformer-Netzwerke zum Einsatz. Sie können insbesondere die Bedeutung von Wörtern und Satzstrukturen erfassen.

Attention

Transformer sind eine besondere Architektur künstlicher neuronaler Netze, die sich für die Verarbeitung natürlicher Sprache als besonders geeignet erwiesen hat. Im Gegensatz zu herkömmlichen CNNs oder RNNs, also den häufigsten Architekturformen der neuronalen Netze, verarbeiten Transformer Sprache nicht linear von Wort zu Wort. Stattdessen betrachten sie den gesamten Satzkontext, um die Bedeutung zu erkennen. Möglich wird dies durch einen Mechanismus namens Attention. Dabei berechnet das Modell für jedes Wort im Satz Schlüsselwerte, die angeben, wie relevant die anderen Wörter für das Verständnis sind. Über diesen Attention-Mechanismus können die Transformer bidirektionale Abhängigkeiten in einem Satz erkennen.

Kontextualisierung

Dadurch sind Transformer-Netzwerke dem menschlichen Verständnis von Sprache schon recht nah. Sie betrachten nicht nur Vorgänger und Nachfolger eines Wortes, sondern den gesamten Satzkontext. Diese Fähigkeit zur Kontextualisierung macht Transformer-Netze so leistungsfähig für Anwendungen wie ChatGPT. Die Architektur wurde 2017 vorgestellt und hat seither die KI-Sprachverarbeitung revolutioniert. Für ChatGPT kommt eine Weiterentwicklung der Technologie zum Einsatz, die das Verständnis natürlicher Sprache auf ein neues Niveau hebt.

Training mit großen Datenmengen

Um ein Sprachmodell wie ChatGPT zu trainieren, werden Unmengen von Text- und Dialogdaten verwendet. Dies können komplette Bücher, Zeitungsartikel, Internetseiten, Dialogprotokolle und mehr sein. Aus diesen Daten extrahiert die KI linguistische Muster und Zusammenhänge.

Sie lernt dabei nicht die Texte auswendig, sondern entwickelt ein generelles Text- und Sprachverständnis. Je umfangreicher und hochwertiger die Trainingsdaten sind, desto besser versteht die KI natürliche Sprache und kann neue Texte dazu generieren. Für ChatGPT kamen Daten im Umfang von Hunderten Milliarden Wörtern zum Einsatz.

Supervised Learning

Die Optimierung der Sprachmodelle erfolgt mittels Supervised Learning. Dabei werden der KI spezifische Aufgaben gegeben, deren Lösung bereits bekannt ist. Anhand dieser validierten Trainingsbeispiele können Qualität und Genauigkeit der Antworten kontinuierlich verbessert werden.

Bei ChatGPT liegt der Fokus darauf, kontextabhängige Dialoge und Frage-Antwort-Paare abzubilden. Die KI lernt, auf Nachfragen einzugehen, Faktenwissen einfließen zu lassen und kohärente, informative Texte zu generieren. Durch dieses Training entwickelte ChatGPT seine bemerkenswerten Fähigkeiten für natürliche Konversationen.

Funktionsweise bei Eingaben und Anfragen

Wenn ein Nutzer nun eine Frage oder Aufforderung an ChatGPT richtet, durchläuft das Sprachmodell verschiedene Schritte:

- Die Eingabe wird verarbeitet und in einen maschinenlesbaren Vektorraum überführt.
- Basierend auf den gelernten Zusammenhängen, erstellt ChatGPT Hypothesen für eine sinnvolle Antwort.
- Aus den Hypothesen wird unter Berücksichtigung des Kontextes die wahrscheinlichste Antwort sequenziell zusammengesetzt.
- Die generierte Antwort wird ausgegeben. Sollte Unklarheit bestehen, kann durch Rückfragen nachgesteuert werden.

Die exakten Details der komplexen Rechenvorgänge in den künstlichen neuronalen Netzen sind dabei auch für Experten nicht vollends transparent. Dennoch lässt sich das Grundprinzip – Wissen aus Daten extrahieren und anwenden – gut nachvollziehen.

Die Fähigkeiten von ChatGPT basieren auf modernen Methoden des maschinellen Lernens und insbesondere auf leistungsstarken neuronalen Netzwerken namens Transformer, die in einem datengetriebenen Verfahren trainiert werden, komplexe Sprachmuster zu erkennen und eigenständig Texte zu generieren. Durch diese Technologien ist ChatGPT in der Lage, menschenähnliche Konversationen zu führen, auch wenn die genauen internen Verarbeitungsprozesse nicht vollständig transparent sind.

2.3 Mit den richtigen Eingaben zum perfekten Ergebnis

ChatGPT beeindruckt durch eloquente und inhaltlich passende Antworten. Allerdings lässt sich die Qualität der Ergebnisse stark beeinflussen – mit den richtigen Eingaben kann man das Beste aus der KI herausholen. Im Folgenden erfahren Sie, worauf es ankommt.

Eindeutige Fragestellung als Zielvorgabe

Da ChatGPT die Frage bzw. Aufgabenstellung verstehen muss, um eine passende Antwort zu generieren, kommt es entscheidend auf eine präzise Formulierung an. Mehrdeutige, unklare oder rein assoziativ gestellte Fragen bergen die Gefahr von irrelevanten Antworten. Formulieren Sie die Frage daher möglichst konkret, einfach und mit Fokus auf das gewünschte Ergebnis.

Anstatt
⇨ *„Erzähl mir was über Elefanten“*
ist
⇨ *„Wie unterscheidet sich die Afrikanische von der Asiatischen Elefantenart?“*
viel zielführender. Eine genaue Zielvorgabe erleichtert es ChatGPT, Kontext und Intention zu erfassen.

Aktives Nachfassen bei Unklarheiten

Auch bei gut formulierter Fragestellung können oft Missverständnisse auftreten. Scheint die Antwort nicht wirklich auf den Punkt zu kommen, hilft aktives Nachhaken. Stellen Sie Verständnisfragen oder bitten Sie um Präzisierung einzelner Aspekte. Durch Dialog lässt sich der Kontext nachjustieren. ChatGPT wurde darauf trainiert, auf Nachfragen einzugehen und die Antworten entsprechend anzupassen. So können Sie iterativ zum optimalen Ergebnis gelangen.

Fakten und Quellen kritisch prüfen

Da ChatGPT Wissen individuell und analytisch frei generiert, besteht die Gefahr von Fehlern oder erfundenen „Fakten“. Hinterfragen Sie daher kritisch die Angaben und verlangen Sie nach Möglichkeit Quellen für die Informationen. Chat-

GPT ist in der Lage, anzugeben, ob bestimmte Fakten belegt sind oder es sich um Schlussfolgerungen aus dem Training handelt. So lässt sich die Vertrauenswürdigkeit der Antwort besser beurteilen. Generell sollten die Informationen grundsätzlich nicht als bare Münze genommen werden. Eine Überprüfung sämtlicher Angaben und Referenzen ist durchweg immer zu empfehlen. Nur so kann ChatGPT auch im Dialog mit dem Nutzer zukünftig diese Fehler vermeiden.

Logik prüfen

Prüfen Sie die Antworten auch immer auf innere Logik und Plausibilität. Selbst wenn ChatGPT eloquent argumentiert, können Fehlschlüsse und Denkfehler auftreten.

Hinterfragen Sie kritisch:

- Ergibt die Argumentationskette Sinn?
- Sind die Fakten korrekt und passen sie zur Schlussfolgerung?

Nicht in die Bestätigungsfalle tappen

Weichen Sie möglichen Fallstricken wie dem Confirmation Bias aus, indem Sie alternative Standpunkte evaluieren. Das Problem bedeutet übersetzt so viel wie Bestätigungsfehler. Gemeint ist damit die Tendenz, Informationen so auszuwählen und zu interpretieren, dass sie die eigenen Annahmen und Überzeugungen bestätigen. Man sieht also nur das, was man sehen möchte.

Das kann beim Schreiben von Texten zu einseitigen oder verzerrten Darstellungen führen. Ein Bestätigungsfehler lässt sich also vermeiden, indem man bewusst andere Blickwinkel einnimmt und die eigene Position hinterfragt. Das erzeugt einen vielschichtigeren und differenzierten Text.

Konstruktives Feedback geben

Damit ChatGPT sich weiterentwickelt und verbessert, ist das Feedback der Nutzer entscheidend. Die KI lernt aus Beispielen guter und schlechter Antworten, was funktioniert und was nicht. Wenn ChatGPT eine nützliche, korrekte Antwort liefert, sollte dies dem System mitgeteilt werden. Einfach mit einem „Danke, das war eine hilfreiche Antwort" oder einem Daumen-hoch-Emoji. Dadurch lernt die KI, ihre Stärken beizubehalten.

Genauso wichtig ist aber auch konstruktives Feedback bei falschen oder irrelevanten Antworten. Anstatt die Antwort nur abzulehnen, sollte man ChatGPT genau mitteilen, was das Problem war.

Zum Beispiel: *„Die Antwort enthält sachliche Fehler. ...* [Konkrete Fakten einfügen] *sind falsch dargestellt."*

Auch wenn Schlussfolgerungen nicht logisch sind oder der Kontext falsch interpretiert wird, sollte man das der KI erläutern. Nur so kann ChatGPT dazulernen und solche Muster künftig vermeiden. Mit diesem Feedback-Loops aus positiver Verstärkung und konstruktiver Kritik werden die Algorithmen von ChatGPT kontinuierlich trainiert. So lässt sich das Potenzial der Technologie optimal ausschöpfen.

Die Technologie hinter ChatGPT, dem sprachgesteuerten KI-Modell, ist nichts weniger als eine Revolution in der Mensch-Maschine-Kommunikation.

- Ihre Wurzeln reichen bis in die Pionierzeit der Künstlichen Intelligenz in den 1950er-Jahren zurück.
- Dank neurowissenschaftlicher Erkenntnisse und exponentiell steigender Rechenleistung hat die Forschung in den letzten Jahren enorme Fortschritte gemacht.
- ChatGPT basiert auf modernen neuronalen Netzen und nutzt maschinelles Lernen, um komplexe Sprachmuster zu erkennen und Texte zu generieren.
- Dabei ist die Qualität der Antworten nicht nur eine Frage der Technologie: Die Nutzer können die Leistung durch präzise Fragen und konstruktives Feedback optimieren.

Ein faszinierendes Forschungsfeld, dessen Potenzial in den kommenden Jahren weiter ausgeschöpft werden wird.

3. Anwendung und Potenzial

Die beeindruckenden Fähigkeiten von ChatGPT wirken auf den ersten Blick wie Science-Fiction. Doch die KI hat das Potenzial, viele Aspekte unseres Lebens und Arbeitens zu vereinfachen und zu verbessern. Von persönlichen Alltagsaufgaben über Kreativität bis hin zu unternehmerischen Anwendungen gibt es vielfältige Einsatzmöglichkeiten.

Schon jetzt unterstützt uns ChatGPT mit eloquenten Formulierungen, dem Verfassen von Texten und der Beantwortung von Fragen. Durch die menschenähnliche Kommunikation entsteht oft der Eindruck, mit einem echten Gegenüber zu sprechen. Auch komplexe Zusammenhänge können verständlich erklärt werden. Die Grenzen sind dabei noch lange nicht erreicht, die Möglichkeiten längst nicht ausgeschöpft. Mit zunehmender Rechenpower und Verbesserung der Algorithmen wird ChatGPT immer mehr Aufgaben übernehmen und den Alltag erleichtern können.

Im Berufsleben lässt sich ChatGPT ebenfalls vielseitig einsetzen, von der Recherche über das Verfassen einfacher Texte bis hin zu anspruchsvolleren Aufgaben. Selbst komplexe Herausforderungen im Zusammenspiel zwischen Menschen und KI sind denkbar. In diesem Kapitel erfahren Sie mehr über die Möglichkeiten.

3.1 Das individuelle Potenzial

ChatGPT hat das Potenzial, das private Leben auf vielfältige Weise zu bereichern und zu vereinfachen. Die KI kann nicht nur als sprachgewandter Gesprächspartner dienen, sondern auch ganz konkrete Aufgaben übernehmen. Von der Terminplanung über das Verfassen von Texten bis hin zu persönlicher individueller Unterstützung gibt es zahlreiche Einsatzmöglichkeiten.

Intelligenter Gesprächspartner

ChatGPT ist bereits jetzt in der Lage, erstaunlich natürliche Konversationen zu führen. Die KI geht auf den Kontext ein, kann Witze erzählen und verstehen, philosophiert über das Leben und gibt Ratschläge. Für viele Menschen kann es ein emotionaler Mehrwert sein, einen empathischen Gesprächspartner zu haben.

Ein Gefühl der „Freundschaft"

ChatGPT merkt sich dabei auch Details aus vorherigen Unterhaltungen. Nach einer gewissen Zeit der Nutzung wird die Kommunikation zur Routine und es könnte so die Illusion einer „Freundschaft" mit der KI entstehen – gerade in sehr technikaffinen Ländern wie Japan bereits ein nicht zu unterschätzender gesellschaftlicher Effekt. Obwohl ChatGPT natürlich keinerlei eigene Erfahrungen oder gar ein Bewusstsein besitzt, ist die Kommunikation oft verblüffend menschlich und erzeugt die perfekte Illusion eines humanoiden Gesprächspartners.

Unterstützung bei alltäglichen Tätigkeiten
Neben der Funktion als intelligenter Gesellschaftsersatz kann ChatGPT auch ganz praktische Aufgaben übernehmen, die den Alltag erleichtern und besser strukturieren können. Das Spektrum reicht von simplen Dingen wie der Terminplanung oder Einkaufslisten bis hin zu komplexeren Tätigkeiten.

Einige Beispiele dafür wären:

- Termine und Erinnerungen organisieren
- Einkaufslisten zusammenstellen
- Rezepte und Kochanleitungen finden
- Preisvergleiche durchführen
- Reiseplanung und Routenvorschläge

Vielseitige Hilfestellung
Auch in der Freizeitgestaltung gibt es viele Möglichkeiten. Egal ob Lese-, Film- oder Musiktipps, Reiseinspirationen oder Unterstützung beim Online-Shopping – ChatGPT liefert individualisierte Vorschläge und Hilfestellung in so gut wie allen Lebenslagen. Dabei entsteht über den Zeitraum der Nutzung im Austausch mit der Generativen AI ein fast schon maßgeschneidertes und eindeutiges dialogisches Repertoire, was proaktiv auf die Fragestellungen passgenaue Antworten und Rückfragen liefert.

Texterstellung und Formulierungshilfe
Eine der offensichtlichsten Stärken von ChatGPT ist die Fähigkeit, menschliche Sprache zu verstehen und eigene

Texte zu generieren. Im Privatleben lässt sich das auf vielfältige Weise einsetzen.

Die KI kann beispielsweise dabei unterstützen:
- Essays, Aufsätze und Hausarbeiten zu schreiben
- Anschreiben und Lebensläufe zu formulieren
- E-Mail- und Chat-Unterhaltungen zu führen
- Social Media Posts und Online-Profile zu erstellen
- Gedichte, Lieder oder Kurzgeschichten zu verfassen

Schreibhilfe

ChatGPT kann auch dabei helfen, persönliche Tagebücher, Reiseberichte oder andere literarische Texte zu verfassen. Die KI liefert dazu vielfältige Formulierungsvorschläge, generiert ansprechende Textbausteine oder unterstützt Schreibende dabei, rohe Ideen in eine literarische Form zu bringen.

Durch geschickte Fragen kann man ChatGPT dazu nutzen, einzelne Absätze, Charakterprofile oder ganze Kapitelentwürfe für fiktionale oder nonfiktionale Literatur zu schreiben. Natürlich müssen der Inhalt und die Kreativität vom Nutzer kommen. Doch ChatGPT kann eine große Unterstützung für das persönliche kreative Schreiben von Romanen, Gedichten oder Biografien sein und den Schreibprozess deutlich beschleunigen.

Eigenleistung unerlässlich

Für schulische oder akademische Arbeiten kann ChatGPT zwar als Hilfe dienen, die Inhalte müssen aber vom Nutzer stammen. ChatGPT hat kein eigenes Wissen oder Verständnis der Themen. Es sollte nur als Werkzeug für das Verfassen und Formulieren genutzt werden, nicht als Ersatz für eigenes Lernen.

Bei Bewerbungen kann die KI helfen, die relevanten Informationen über den Bewerber zusammenzufassen und in eine passende Form zu bringen. Die Inhalte und Angaben müssen aber von der Person selbst kommen und wahrheitsgemäß sein.

Eigene Meinung formulieren

Auch für Social Media Posts und Chat-Konversationen gilt: Die wesentlichen Inhalte, Meinungen und Ideen müssen immer vom Nutzer stammen. ChatGPT hat keine eigene Persönlichkeit. Es hilft nur dabei, wie etwas beschrieben wird. Kreative Texte wie Gedichte kann ChatGPT zwar generieren, aber die künstlerische Schöpfung liegt beim Menschen. Die KI kann hier höchstens inspirativ wirken oder beim Formulieren unterstützen.

Kontrolle behält der Verfasser

Wichtig ist also immer, die Kontrolle über die Inhalte zu behalten und ChatGPT nur als Werkzeug einzusetzen. Dann lässt sich das Potenzial gewinnbringend für den Alltag nutzen, ohne dass die Grenzen zu sehr verschwimmen. Gerade bei kreativen Tätigkeiten muss der Mensch klar die Kontrolle behalten. Doch für Inspiration, Formulierungshilfen und das Schreiben erster Entwürfe ist ChatGPT ideal.

Coach und Motivator

ChatGPT hat enormes Potenzial, das Leben von Privatpersonen angenehmer und einfacher zu gestalten. Es wurde mit einem umfangreichen Wissen zu Themen wie Gesundheit, Psychologie und Produktivität trainiert. Die KI kann dieses Wissen in personalisierter Form anwenden, um den Nutzer zu coachen und zu motivieren. Natürlich ersetzt ChatGPT keinen menschlichen Experten. Doch anhand des großen Basiswissens kann die KI wertvolle Impulse und Motivationshilfen geben, um das Leben etwas gesünder, produktiver und glücklicher zu gestalten.

Trainer

Im Bereich Gesundheit und Fitness kann ChatGPT beispielsweise Trainings- und Ernährungspläne erstellen, die auf die Ziele, Vorlieben und Besonderheiten des Nutzers zugeschnitten sind. Durch gezielte Fragen werden die relevanten Informationen abgefragt. Anhand dieser generiert ChatGPT dann maßgeschneiderte Empfehlungen. Motivierende Tipps können helfen, Schritt für Schritt einen gesünderen Lebensstil zu entwickeln. Anhand des Aktivitätslevels, der Vorlieben und Ziele des Nutzers erstellt ChatGPT maßgeschneiderte Fitnesspläne und gibt Feedback zum Trainingserfolg.

Ratgeber in schwierigen Lebenslagen

Auch zur psychologischen Gesundheit kann die KI wertvolle Unterstützung bieten. Sie hilft dabei, eigene Denk- und Verhaltensmuster zu reflektieren, und bietet einfühlsame Ratschläge zur Stressbewältigung oder bei persönlichen

Herausforderungen. ChatGPT verfügt über Basiswissen zu psychischen Problemen wie Burn-out, Depressionen oder Angststörungen. Die KI kann erklären, wie diese Krankheiten entstehen und was gegen sie hilft. Natürlich ersetzt das keinen Therapeuten, aber ChatGPT kann wertvolle Tipps für den Umgang mit der Psyche geben.

Digitaler Assistent
Im Bereich Produktivität analysiert ChatGPT die persönlichen Arbeitsgewohnheiten und erstellt darauf aufbauend Zeitpläne, Aufgabenlisten und Fokus-Techniken. Die KI erinnert an Pausen und hilft so dabei, effizienter und fokussierter zu arbeiten. Als Lerncoach für Sprachen, Musik oder andere Fähigkeiten kann ChatGPT Lernmaterialien zusammenstellen und Übungen erstellen. Die KI motiviert, dranzubleiben, und gibt individuelles Feedback. So lässt es sich leichter am Ball bleiben.

Die nicht wertende KI bietet eine Alternative, wenn menschliche Coaches nicht verfügbar oder zu teuer sind. Doch auch in Ergänzung zu realen Coaches kann ChatGPT wertvolle Motivationshilfen geben.

Die Anwendungsmöglichkeiten von ChatGPT für Privatpersonen reichen von unterhaltsamen Konversationen über praktische Alltagshilfen bis hin zu individualisierter Unterstützung in den Bereichen Gesundheit, Produktivität und Persönlichkeitsentwicklung, wobei die KI zwar wertvolle Impulse geben, menschliche Experten aber nicht ersetzen kann.

3.2 Mit ChatGPT das Leben erleichtern

ChatGPT hat das Potenzial, durch die Übernahme simpler wie auch komplexer Aufgaben den Alltag deutlich zu erleichtern. Indem sich die KI um zeitaufwendige oder unangenehme Tätigkeiten kümmert, bleibt dem Nutzer mehr Raum für die schönen Dinge des Lebens.

Alltägliche Aufgaben abgeben

ChatGPT kann bereits jetzt einen persönlichen Assistenten für viele alltägliche Aufgaben ersetzen. Die KI organisiert auf Zuruf Termine, erstellt Einkaufslisten, weckt einen zu einer bestimmten Uhrzeit oder erinnert an Geburtstage. Auch aufwendige Tätigkeiten wie die optimale Reiseroute finden, Preisvergleiche durchführen oder das Sichten von Online-Bewertungen lässt sich an ChatGPT delegieren. Dadurch spart man Zeit und vermeidet Stress.

Unangenehme Aufgaben delegieren

Neben der Zeitersparnis kann ChatGPT auch unangenehme Aufgaben abnehmen, die einem den Spaß verderben. Die KI kann beispielsweise standardisierte Kundenbeschwerden bearbeiten, sich durch Endlos-AGBs lesen oder Produkte reklamieren. Auch eintönige Recherchearbeiten, das Ausfüllen von Formularen oder die Optimierung von Verträgen sind möglich. ChatGPT übernimmt gerne die unbeliebten To-dos, während man selbst die gewonnene Zeit sinnvoller nutzt.

Kreativer Sparringspartner

ChatGPT ist außerdem ein kreativer Sparringspartner, der dabei hilft, Ideen zu entwickeln und Projekte voranzubringen. Man kann die KI bitten, Brainstorming-Sessions zu moderieren, erste Textentwürfe zu verfassen oder mit Produktdesigns zu unterstützen. Der kreative Prozess bleibt dabei in menschlicher Hand, aber ChatGPT liefert wertvolle Impulse und Inspiration. Durch die enorme Wissensbasis hat die KI stets interessante und abwechslungsreiche Vorschläge parat, um die eigene Kreativität anzuregen.

Persönlicher Lerncoach

Auch beim Erwerb neuer Fähigkeiten ist ChatGPT eine große Hilfe. Die KI kann als individueller Lerncoach fungieren, der genau auf den Wissensstand und Lerntyp des Nutzers eingeht. Ob Musikinstrumente erlernen, Sprachen trainieren oder sich Fachwissen aneignen – die KI vermittelt die Inhalte geduldig und auf den Punkt. Durch Interaktion und Nachfragen lässt sich das Lernerlebnis optimieren. Das reduziert Frust und steigert die Motivation.

Steigerung der Lebensqualität

Insgesamt ermöglicht ChatGPT, mehr Zeit für die schönen Dinge des Lebens zu haben und Ärgernisse zu reduzieren. Das führt zu weniger Stress, mehr Zufriedenheit und steigert die Lebensqualität. Die KI hilft, den Alltag entspannter zu gestalten, kreativer zu sein und neue Fähigkeiten zu erlernen. Viele zeitintensive oder unangenehme Aufgaben lassen sich an ChatGPT delegieren oder damit erleichtern.

Motivierende Wirkung

Die gewonnene Zeit kann jeder nach seinen Wünschen nutzen. Natürlich sollte man sich nicht vollständig von ChatGPT abhängig machen. Doch mit maßvollem Einsatz kann die KI dabei helfen, das Leben angenehmer, produktiver und spaßiger zu gestalten. Man behält die volle Kontrolle, während ChatGPT im Hintergrund motiviert unterstützt.

Haushaltshilfe

Auch bei Haushaltsaufgaben – etwa Einkaufslisten schreiben, Kochrezepte finden oder die optimale Reinigungsroutine erstellen – lässt sich ChatGPT effizient einsetzen. Die KI kann auf Zuruf Millionen Rezepte und Anleitungen durchsuchen, um maßgeschneiderte Vorschläge für den individuellen Speiseplan zu machen. Dabei berücksichtigt ChatGPT spezielle Diäten, Nahrungsmittelunverträglichkeiten oder andere Präferenzen des Nutzers. Auch Langzeit-Einkaufslisten, optimale Kochpläne und Reinigungsroutinen für die Wohnung können von der KI automatisiert erstellt werden. Das erspart viel manuelle Recherchezeit und erleichtert die Organisation und Optimierung des Haushalts enorm.

ChatGPT kann durch die Übernahme vieler lästiger Alltagsaufgaben und die unterhaltsame sowie inspirierende Interaktion Zeit sparen und die Lebensqualität steigern, allerdings sollte man trotz der praktischen Hilfe die Kontrolle behalten und sich nicht vollständig von der KI abhängig machen.

3.3 Anwendung im beruflichen Alltag

ChatGPT hat das Potenzial, Menschen auch in ihrer beruflichen Tätigkeit zu unterstützen und Arbeitsprozesse effizienter zu gestalten. Mit der Automatisierung simpler oder monotoner Aufgaben wie auch durch die Unterstützung bei komplexen Herausforderungen kann ChatGPT die Arbeitsprozesse in Unternehmen enorm beschleunigen und effizienter machen. Die Mitarbeiter können sich auf kreative und strategische Tätigkeiten fokussieren, während die KI ihr Potenzial im Hintergrund entfaltet.

Hilfe bei Routineaufgaben

Bei simplen administrativen Aufgaben kann ChatGPT Dokumente erstellen, E-Mails beantworten oder Termine koordinieren. Die KI übernimmt zeitraubende Routinearbeiten und setzt dadurch Ressourcen für anspruchsvollere Tätigkeiten frei. Auch bei der Recherche kann ChatGPT enorme Hilfe leisten. Die KI durchsucht auf Anfrage literarische Quellen, Gesetzestexte oder Webseiten und fasst die wichtigsten Informationen zusammen. Das spart unzählige Stunden an manueller Recherchezeit.

Texterstellung und Programmierung

Nützlich erweist sich ChatGPT auch beim Verfassen von Texten. Die KI kann Rohfassungen für Berichte, Präsentationen oder Produktbeschreibungen erstellen, welche dann vom Nutzer überarbeitet werden. Alternativ hilft sie durch Formulierungsvorschläge. Sogar in anspruchsvollen Domänen wie dem Programmieren bietet ChatGPT Unterstützung. Die KI kann Code kommentieren, Vorschläge für Algorithmen entwickeln oder einfache Programme für definierte Zwecke generieren.

Automatisierung regelmäßiger To-dos

In vielen Berufen gibt es wiederkehrende und auch eintönige Aufgaben, die sich automatisieren lassen. ChatGPT kann beispielsweise standardisierte Business-E-Mails verschicken, Terminanfragen beantworten oder die Recherche nach einfachen Fakten übernehmen. Auch das Verfassen simpler Texte wie Produktbeschreibungen, Social Media Posts oder Newsletter fällt in ChatGPTs Kernkompetenz. Die KI-generierten Formulierungen müssen zwar Korrektur gelesen werden, sparen aber viel manuelle Schreibarbeit.

Weitere mögliche Anwendungen für KI-Unterstützung sind beispielsweise:

- Meeting-Notizen erstellen
- Daten und Tabellen organisieren
- Dokumente und Verträge prüfen
- Kundenanfragen bearbeiten
- Produktivitätstipps geben

Für viele Unternehmen könnte ChatGPT so zu einer KI-Sekretärin und Wissensdatenbank für Angestellte werden. Die Kommunikation in natürlicher Sprache erleichtert die Interaktion.

Kreativer Input

Auch im Berufsalltag kann ChatGPT als kreativer Sparringspartner fungieren. Die KI hilft beispielsweise bei der Entwicklung neuer Produkt- und Marketingideen, liefert Design- und Namensvorschläge oder unterstützt mit Texten und Präsentationen. Gerade in kombinatorischen oder strategischen Aufgaben liefert das enorme Wissen von ChatGPT oft neue Impulse. Natürlich muss der Mensch die Kontrolle über den kreativen Prozess behalten und die Vorschläge sinnvoll filtern.

Unterstützung auch bei komplexen Themen

Mit zunehmender Weiterentwicklung dürfte sich auch der Einsatz von ChatGPT in komplexen beruflichen Aufgabenfeldern anbieten.

Denkbar ist die Unterstützung in Bereichen wie:

- Finanzanalyse durch Mustererkennung
- IT-Problembehandlung durch Fehlersuche in Code
- Rechtsberatung basierend auf Präzedenzfällen
- Medizinische Diagnostik anhand von Symptomen

In diesen sensiblen Bereichen müsste die finale Entscheidung immer bei menschlichen Experten bleiben. Doch durch KI-Unterstützung könnten auch komplexe Workflows effizienter gestaltet werden.

Kreative Unterstützung

In kreativen Berufen kann ChatGPT als schier unerschöpfliche Ideenquelle und Inspirationsmotor dienen. Grafikdesigner oder Texter können sich von der KI mit ansprechenden Bild- und Textvorschlägen versorgen lassen. Auch in strategischen Rollen bietet der unendliche Ideenreichtum von ChatGPT oft völlig neue Denkanstöße. Durch geschickte Fragestellungen lässt sich die KI so nutzen, dass sie aus gewohnten Mustern ausbricht und innovative, kreative Lösungen für Probleme liefert. Gerade in Bereichen, wo eine Fülle an Optionen gefragt ist, eröffnet ChatGPT neue Möglichkeiten.

Zusammenarbeit von Mensch und KI

Die größten Potenziale dürfte die intelligente Zusammenarbeit zwischen Menschen und KI bergen. Dabei übernimmt jeder die Aufgaben, die er am besten kann:

Mensch	KI
• Kreativität • soziale Kompetenzen • Intuition, Feinmotorik	• Logik • Datenverarbeitung • Rechenpower • 24/7-Verfügbarkeit

Jeder hat seine Stärken

Der Mensch bringt unverzichtbare Stärken wie Kreativität, Intuition und soziale Intelligenz ein. Durch unsere Fähigkeit zu abstraktem Denken, Empathie und dem kreativen Funken entstehen die großen Kunstwerke, Erfindungen und Visionen. Auch Feinmotorik lässt sich bislang kaum von Maschinen reproduzieren.

KI-Systeme wie ChatGPT sind hingegen überlegen bei logischen Schlüssen, dem Verarbeiten riesiger Datenmengen und der unermüdlichen Berechnung komplexer Zusammenhänge. Ihre Rechenpower und permanente Verfügbarkeit übertreffen menschliche Grenzen bei Weitem.

Eine optimale Symbiose nutzt diese komplementären Stärken. Der Mensch steuert das kreative Konzept, die soziale Kompetenz und das Urteilsvermögen bei. Die KI übernimmt analytische und berechnende Aufgaben in einem Ausmaß, das für Menschen nicht zu leisten ist.

Das KI-Modell ChatGPT ist weit mehr als ein technisches Spielzeug. Es ist ein vielseitiges Werkzeug, das sowohl den Alltag als auch das Berufsleben vereinfachen und bereichern kann.

- Mit seinen Fähigkeiten, eloquent zu formulieren, Texte zu verfassen und Fragen zu beantworten, revolutioniert ChatGPT die menschliche Interaktion mit Maschinen.
- Im Berufsleben wird es von der Recherche bis zu komplexeren Aufgaben eingesetzt, im Privatleben von der Unterhaltung bis zur Persönlichkeitsentwicklung.
- Doch trotz des enormen Potenzials gilt es, die Kontrolle zu behalten und sich nicht völlig von der KI abhängig zu machen.
- Die Zukunft ist vielversprechend: Mit fortschreitender Technologie werden die Anwendungsmöglichkeiten weiter wachsen, insbesondere in einer symbiotischen Beziehung zwischen Mensch und KI, in der die Stärken beider Seiten optimal genutzt werden.

4. Ethik und Verantwortung

In Fachkreisen wird seit Jahren über die Technikfolgen sowie die ethischen und rechtlichen Fragen diskutiert, die der Einsatz von Künstlicher Intelligenz mit sich bringt. Ein unkontrollierter Einsatz von KI birgt erhebliche rechtliche Risiken, kann aber auch massiv in die Grundrechte von uns Menschen eingreifen. Dem stehen natürlich auch Vorteile und Nutzen gegenüber. Es geht also um einen verantwortungsvollen Umgang mit KI. Und das betrifft nicht nur die Entwickler und Anbieter wie OpenAI. Auch der Anwender trägt Verantwortung und sieht sich mit dem EU AI Act ersten regulierenden Rechtsnormen gegenüber. Dies ist auch insofern überfällig, als eine politische und gesellschaftliche Debatte über den ethisch verantwortlichen und rechtlich unbedenklichen Einsatz von KI erst spät begonnen hat.

Mögliche Urheberrechtsverletzungen, Datenschutzrisiken und Gefahren für das eigene geistige Eigentum sind dabei nur die Spitze des Eisbergs an rechtlichen Fragen. Welche Diskriminierungsrisiken gehen von KI aus? Welche Folgen hat es, wenn KI in Zukunft zunehmend eigenverantwortlich über Bewerbungen oder Kreditvergaben entscheidet? Und wollen wir autonome KI-basierte Waffensysteme oder KI als Richter? Die technischen Möglichkeiten übersteigen unser Verständnis von Chancen und Risiken längst bei Weitem.

4.1 Rechtliche und ethische Herausforderungen

In der Literatur, aber auch in Filmen und Fernsehserien finden sich zahlreiche dystopische Geschichten über mächtige KI-Systeme, die sich der Kontrolle des Menschen entziehen. Und auch in der Philosophie wird die überlegene Rolle des Menschen reflektiert, der seinen Status bislang aus einer einzigartigen Form allgemeiner Intelligenz in Verbindung mit Bewusstsein ableitet. Unser gesamtes Rechtssystem, das Völkerrecht und ein gemeinsames Verständnis von Spielregeln des Zusammenlebens basieren darauf. Die Rechte von Tieren und die Belange von Natur, Umwelt und Klima waren nie gleichberechtigt, sondern wurden von Menschen zugestanden. Maschinen und Computer wurden bisher als Werkzeuge des Menschen betrachtet. Und auch eine generative Form Künstlicher Intelligenz wie ChatGPT ist noch weit davon entfernt, den Menschen überflüssig zu machen, auch wenn sich viele Arbeitnehmer und Kreative zu Recht um die Zukunft sorgen.

Werkzeug oder Beeinflusser?

Das Grundprinzip „Human in the Loop", also die Vermeidung völlig autonomer KI-Lösungen, vermeidet theoretisch viele ethische Probleme. Denn es impliziert die Rolle der KI als Werkzeug für uns Menschen. In der Praxis ist es aber bereits heute so, dass bestimmte KI-Anwendungen nicht nur Entscheidungsvorlagen generieren, sondern diese auch maßgeblich beeinflussen.

Wenn ein Unternehmen Bewerbungen mithilfe von KI vorfiltert, hat das einen viel größeren Einfluss auf die Chancengleichheit, als wenn KI nur die Highlights eines Lebenslaufs analysiert und eine Zusammenfassung erstellt. Ähnliches gilt für die Risikobewertung bei der Kreditvergabe, die Gefahrenabwehr oder die Rechtsprechung. Wird der Mensch bald nur noch eine überwachende Rolle einnehmen? Und wie weit sind wichtige Entscheidungen bereits durch KI vorentschieden, bevor der Mensch als vermeintlich höchste Instanz „unterschreibt“?

Internationale Aufsichtsbehörde

Längst werden Pläne für eine internationale Aufsichtsbehörde geschmiedet, der EU AI Act zwingt auch andere Regierungen zum Handeln. Und selbst führende Köpfe der Künstlichen Intelligenz warnen vor einer unregulierten KI ohne klares ethisches und rechtliches Korsett. Dabei ist nicht die Technologie das Problem, sondern ihr Einsatz mit potenziell massiven Folgen für Privatsphäre, Grundrechte und Chancengleichheit. Auf Rechtskongressen wird seit Jahren darauf hingewiesen, dass bestehende Rechtsnormen selbstverständlich auch für den Einsatz von Künstlicher Intelligenz gelten, dass aber gerade die Generative KI viele Rechtsfragen aufwirft, die einer dezidierten neuen oder aktualisierten Regelung bedürfen.

In der Debatte um die Rolle der Künstlichen Intelligenz verschwimmen die Grenzen zwischen Mensch und Maschine immer mehr. Obwohl der Ansatz „Human in the Loop“ KI als

Werkzeug des Menschen betrachtet, beeinflussen Algorithmen bereits wichtige Entscheidungsprozesse. Eine internationale Aufsichtsbehörde wird diskutiert, während führende Köpfe in der KI-Forschung vor den Gefahren einer unregulierten Technologie warnen.

4.2 Urheberrecht und Datenschutz

Aus urheberrechtlicher Sicht sind KI-Lösungen wie ChatGPT nicht unproblematisch, da für das maschinelle Lernen ungefragt eine Vielzahl von Trainingsdaten verwendet wurden, die jeweils urheberrechtlich geschützt sind. Auch die mangelnde Transparenz über die verwendeten Daten begünstigt zukünftige Rechtsstreitigkeiten. Umgekehrt erfüllt Generative KI regelmäßig nicht die Anforderungen des Urheberrechts an einen Schutzstatus. Die generierten Texte, Dokumente, Bilder und Videos sind daher grundsätzlich zunächst ungeschützt. Erst durch eine Dokumentation des Prompts mit entsprechender Schöpfungshöhe und anschließender Weiterverarbeitung durch den Nutzer kann KI-Content sicher urheberrechtlichen Schutz erlangen. Auch hier drohen Streit und Unsicherheit. Denn auch ein Buchautor oder Journalist, eine Marketingagentur oder ein Fotograf schulden für ihr Honorar nicht nur eine eigenständige Leistung, sondern auch die Übertragung von Nutzungsrechten an den Auftraggeber.

Datenschutz-Problematik

ChatGPT & Co. werden von vielen Datenschützern kritisch gesehen. Das liegt vor allem an den Szenarien, in denen Kunden- und Unternehmensdaten zur Weiterverarbeitung durch die KI auf Cloud-Server von Anbietern wie OpenAI übertragen werden. Problematisch kann aber auch sein, dass unklar ist, wie die Chatbot-Anbieter mit den Eingabeaufforderungen der Nutzer umgehen.

Gute Branchenlösungen gefragt

Große Unternehmen versuchen daher, die KI über die Lizenzierung von Sprachmodellen oder spezielle Verträge in ihre Private Cloud und ihr IT-Regelwerk zu überführen. Freiberufler und kleine Unternehmen haben diese Möglichkeit kaum. Hier sind die Anbieter von Branchenlösungen gefragt, die KI-Funktionalitäten so zu integrieren, dass der Unternehmenskunde datenschutzrechtlich auf der sicheren Seite ist. Tendenziell werden immer mehr KI-Anwender auf etablierte Office-Software, Branchenlösungen oder Bildverarbeitungstools zurückgreifen, um auf diesem Weg rechtssicherer von Künstlicher Intelligenz zu profitieren. Aber auch hier gilt es, genau hinzuschauen, ob sensible Daten lokal, auf einem Server im EU-Rechtsraum oder diffus in der Cloud verarbeitet werden. Open-Source-Sprachmodelle wie Llama 2 von Meta können hier in Zukunft eine wichtige Rolle spielen.

Während urheberrechtliche Fragen durch die Verwendung von geschützten Trainingsdaten und den mangelnden Schutz für generierte Inhalte aufkommen, stehen Datenschützer der cloudbasierten Datenverarbeitung skeptisch gegenüber. Für Kleinunternehmen stellen integrierte Branchenlösungen einen Weg zu mehr Rechtssicherheit dar. Konzerne setzen dagegen auf die Private Cloud.

4.3 Der EU AI Act: Regulierung und Gefahrenklassen

Die Europäische Union nimmt mit ihrem EU AI Act weltweit eine Vorreiterrolle ein und orientiert sich an einem risikobasierten Ansatz. Gebote und Verbote werden mit unterschiedlichen Risikostufen für Gesundheit, Sicherheit und Grundrechte der Bürger begründet. Dies zielt sehr stark auf Generative KI ab. Das ist keine umfassende Antwort auf die Herausforderungen der Künstlichen Intelligenz, aber ein wichtiger erster Schritt, der eigentlich viel zu spät kommt. Denn KI kann längst mehr und die vermeintlich angezogene Handbremse betrifft nicht die Interessen und den Einsatz von Regierungen, Sicherheitsbehörden, Geheimdiensten und Militär.

Risikoklassen

Die Risikoklassen umfassen

- niedriges,
- begrenztes,

- hohes und
- unannehmbares Risiko.

Sie beziehen sich jeweils auf europäische Werte und Grundrechte. Sobald eine KI-Lösung ein potenziell inakzeptables Risiko darstellt, ist sie unzulässig. Bei den niedrigeren Risikoklassen hängen die rechtlichen Anforderungen und der Grad der Regulierung vom potenziellen Risiko für die Bürger ab. Der risikobasierte Ansatz ermöglicht in Zukunft einfachere Anpassungen und Neubewertungen von KI-Anwendungsszenarien. Besonderes Augenmerk liegt auf dem Einsatz von KI für autonome Prognosen, Handlungsempfehlungen oder gar Entscheidungen.

Geltungsbereich europäischer Markt

Der EU AI Act gilt für den europäischen Markt und die Nutzung von KI-generierten Inhalten innerhalb der EU. Damit betrifft das Gesetz weltweit Unternehmen, die in Europa tätig sind. Es kommt nicht auf den Standort des Servers oder den Sitz des Unternehmens an. Dennoch wissen wir alle um die Abgrenzungsprobleme, da das Internet bekanntlich keine Grenzen kennt und europäische Bürgerinnen und Bürger auch KI-Dienste von Anbietern in Anspruch nehmen können, die von sich aus nicht den europäischen Markt adressieren. Und es wird europäischen Entwicklern möglich sein, in Europa nicht zugelassene und verbotene KI-Systeme für Anwendungen in Drittmärkten anzubieten.

Regelungen für Anbieter und Nutzer

Ziel der EU ist es, den Einsatz risikobehafteter KI-Lösungen zu regulieren. Daher gelten die Regelungen sowohl für Anbieter als auch für Nutzer, also auch für Privatpersonen, die sich in der Europäischen Union aufhalten. Und als Anbieter sind rechtlich nicht nur Software- oder IT-Unternehmen zu verstehen, sondern vor allem auch Betreiber bis hin zu Behörden.

Unzulässige KI-Anwendungen

Besonders intensiv wurden mögliche Verbote von Gesichtserkennung und Social Scoring diskutiert, aber auch das Profiling zur präventiven Polizeiarbeit und Gefahrenabwehr. Unzulässig ist es auch, mithilfe von KI Schwächen von Personen oder Personengruppen auszunutzen, sie zu manipulieren oder ihnen physischen oder psychischen Schaden zuzufügen. Durch Auflagen reguliert, aber nicht verboten, sind KI-Lösungen mit unterschiedlich hohen Risiken für die Grundrechte, die Sicherheit und die Gesundheit der Bürgerinnen und Bürger verbunden. In jedem Fall gelten weitreichende Transparenz- und Kennzeichnungspflichten.

Gerade bei den verbotenen Anwendungen wurde im Abstimmungsprozess zwischen Kommission, Parlament und Rat intensiv um Details gerungen. Dies gilt insbesondere für die biometrische Erkennung von Personen und die KI-gestützte Weiterverarbeitung und Profilbildung. Dabei spielten auch Überlegungen zum Diskriminierungsschutz eine Rolle.

Die Debatte über die ethischen und rechtlichen Implikationen von KI hat Fahrt aufgenommen. Dabei steht nicht nur die Technologie selbst im Fokus, sondern auch die Verantwortung von Entwicklern und Anwendern.

- Der EU AI Act setzt erste regulatorische Standards und definiert Risikostufen, wird aber auch kritisch gesehen. Zu den rechtlichen Risiken zählen unter anderem Urheberrechtsverletzungen, Datenschutzprobleme und die Gefahr der Diskriminierung durch autonome Entscheidungen der KI. Insbesondere wird die Möglichkeit von unzulässigem Scoring und Profiling befürchtet.
- Während die technischen Möglichkeiten rasant voranschreiten, hinkt das gesellschaftliche Verständnis der Chancen und Risiken noch hinterher. Eine internationale Aufsichtsbehörde wird diskutiert und die Grenzen zwischen Mensch und Maschine verschwimmen zunehmend. In diesem komplexen Gefüge wird der verantwortungsvolle Umgang mit KI zu einer Schlüsselfrage unserer Zeit.

Welche Produkte wird es in Zukunft geben?

Seite 70

Wie gestalten sich künftige neue Funktionen?

Seite 74

Was sind die Vorteile und Risiken eines „digitalen Zwillings“?

Seite 78

5. Die Zukunft von ChatGPT und KI

ChatGPT zeigt schon heute eindrucksvoll, zu welchen Leistungen moderne KI bereits fähig ist. Doch das ist nur der Anfang – die rasante Weiterentwicklung wird ChatGPT und andere KI-Systeme in den kommenden Jahren noch wesentlich leistungsfähiger machen. Es ist absehbar, dass ChatGPT bald in spezialisierten Versionen für unterschiedliche Anwendungsbereiche erhältlich sein wird. Auch die Integration in umfassende App-Ökosysteme mit erweiterten Funktionen steht bevor. Spannend sind zudem Ansätze, die KI durch Einbeziehung individueller Nutzerdaten zu personalisieren.

Insgesamt wird die Grenze zwischen Menschen und Maschinen damit immer mehr verschwimmen. Ob ChatGPT & Co. dabei eher als Assistenten oder als autonome Partner wahrgenommen werden, hängt auch von ethischen Fragen ab. Die Entwicklung wirft Chancen, aber auch Risiken auf. Wie diese positiv genutzt werden können, wird eine zentrale Zukunftsaufgabe sein.

In diesem Kapitel blicken wir auf zukünftige Produkte und Fähigkeiten, die ChatGPT und andere KI-Systeme in den nächsten fünf bis zehn Jahren erreichen könnten. Die spannende Reise geht also weiter.

5.1 Zukünftige Produkte

ChatGPT in seiner jetzigen Form ist erst der Anfang. Es ist absehbar, dass in Zukunft spezialisierte Versionen für verschiedene Einsatzbereiche entwickelt werden. Auch die Integration in umfassendere KI-Systeme und Roboter steht bevor.

Fokussierte ChatGPT-Varianten

Bereits angekündigt sind ChatGPT-Varianten mit Fokus auf bestimmte Anwendungsfelder:

- Für den Kundenservice ist eine ChatGPT-Version in Arbeit, die ganz auf die Kommunikation mit Kunden ausgerichtet ist. Sie soll noch empathischer und hilfsbereiter sein sowie über produktspezifisches Wissen verfügen.
- Für den Einsatz in Schulen wird eine Variante entwickelt, die pädagogisches Fachwissen enthält. Sie kann Lehrkräfte bei der Unterrichtsvorbereitung unterstützen sowie Schülern als individuelle Lernbegleitung dienen.
- Eine Business-Version wird derzeit speziell für Unternehmensanwendungen trainiert. Sie versteht geschäftliche Fachsprache und Prozesse noch besser und kann bei betrieblichen Fragestellungen unterstützen.
- Durch diese anpassbaren Domänen-Modelle kann ChatGPT zukünftig nahezu jeden Bereich noch gezielter unterstützen. Denkbar sind Versionen für Musik, Literatur, Recht, Finanzen, Technik und unzählige weitere Anwendungsfelder. Die Bandbreite ist riesig.

- Durch Spezialisierung auf bestimmte Themenfelder wird ChatGPT immer leistungsfähiger und das Anwendungspotenzial wächst weiter. Faszinierend, welche Möglichkeiten dadurch in Zukunft entstehen. Durch Anpassung des Trainings und der Datenbasis lassen sich domänenspezifische Stärken erreichen. Denkbar sind künftig unzählige Varianten wie ChatGPT für Musik, Bewerbungen, Programmierung etc.

Integration von Anthropic-Produkten

Anthropic, der Entwickler von KI-Lösungen, plant auch die Integration in weitere eigene Produkte. Dazu gehört unter anderem:

- **Ein virtueller Assistent für Business-Anwender**
  Claude ist Anthropics virtueller Assistent für Unternehmen. Durch die Einbindung von ChatGPT könnte Claude umfassendere und natürlichere Dialogfähigkeiten erhalten. Zusätzlich zu Terminkoordination, Dokumentenerstellung etc. wäre dann auch kontextbezogene Wissenskommunikation möglich.

- **KI mit Fokus auf Sicherheit und Verlässlichkeit**
  Durch Constitutional AI sollen sicherheitsrelevante Lücken von ChatGPT geschlossen werden. Die KI gibt dann z. B. transparent an, wenn sie sich bei einer Antwort unsicher ist, anstatt etwas Falsches zu generieren. Das erhöht Verlässlichkeit.

- **KI, die sich kontinuierlich selbst verbessert**
  Self-Improving AI zielt darauf ab, ChatGPT kontinuierlich selbstständig zu verbessern, ohne externes Training. Die KI durchsucht dafür eigenständig das Internet nach Wissen und optimiert ihre Algorithmen. Durch Kombination mit Claude könnte ChatGPT um Funktionalitäten für Terminverwaltung, Dokumentenerstellung und Workflow-Automatisierung erweitert werden. Es wird spannend sein, zu sehen, wie sich ChatGPT zusammen mit diesen ergänzenden Technologien weiterentwickelt und welche Innovationen daraus entstehen.

Integration in andere Systeme

Über eine dynamische API-Schnittstelle kann ChatGPT auch für die Integration in Produkte anderer Anbieter geöffnet werden. Denkbar ist die Einbindung in:

- Digitale Assistenten wie Alexa oder Siri
- Kollaborationstools wie Slack oder Teams
- Kundensysteme von Unternehmen
- Content-Management-Systeme
- Automatisierungssoftware wie Zapier oder IFTTT

Menschenähnlichere Sprachmodelle

So könnte ChatGPT die Funktionalität dieser Systeme erheblich erweitern. Durch die Integration von ChatGPT könnten digitale Assistenten wie Siri, Alexa oder der Google Assistant um umfassende Konversations- und Wissensfähigkeiten ergänzt werden. Die Sprachmodelle würden dadurch menschlicher und hilfreicher. Sie könnten fluide

Dialoge führen, Scherze verstehen und wirklich hilfreiche Antworten auf komplexe Fragen liefern.

Einsatz in der Robotik

Auch in Robotern lässt sich ChatGPT als Künstliche Intelligenz einsetzen. Roboter könnten dadurch mit Menschen kommunizieren, auf Situationen reagieren und eigenständiges Handeln optimieren. Sie werden flexibler und intelligenter durch ChatGPTs Fähigkeiten. Anstatt nur eng definierten Befehlen zu folgen, werden mit ChatGPT-Integration echte autonome Entscheidungen und Kreativität möglich. Roboter erhalten damit ähnliche kognitive Fähigkeiten wie Menschen. Die Kombination aus ChatGPTs Sprachverständnis und Roboter-Hardware eröffnet faszinierende Möglichkeiten. Dadurch könnten beispielsweise menschenähnliche Haushalts- oder Pflegeroboter entstehen, die unseren Alltag bereichern. Oder Fertigungsroboter, die flexibel auf Situationen reagieren können.

Körperliche KI-Roboter

Insbesondere die Verbindung aus Sprach-KI wie ChatGPT mit einem physischen Roboter-Körper verspricht großes Zukunftspotenzial.

Dies ermöglicht Anwendungen wie:

- Serviceroboter für Haushalt, Pflege oder Kinderbetreuung
- Humanoide Roboter als Gesellschafter oder Begleiter
- KI-Roboter für Logistik und Industrie 4.0
- Medizinische OP-Roboter mit KI-Unterstützung

Start-ups wie Tesla Bot oder Anthropic planen bereits solche Service-Roboter. Sie könnten ChatGPT beispielsweise mit mobiler Präsenz, Greiffähigkeiten und Gesichtserkennung ergänzen. Durch spezialisierte Versionen und Integration in neue Produkte wird ChatGPT in Zukunft noch leistungsfähiger und flexibler einsetzbar. KI-Systeme werden allgegenwärtig.

ChatGPT wird weiterentwickelt durch spezialisierte Versionen für unterschiedliche Einsatzbereiche sowie die Integration in Produkte wie Claude und Roboter, um die Funktionalität zu erweitern. Allerdings muss die Kontrolle über die Technologie beim Menschen bleiben, um Risiken zu vermeiden.

5.2 App-Ökosysteme und neue Funktionen

Bereits heute ist absehbar, dass ChatGPT in umfangreichere App-Ökosysteme und Plattformen integriert wird. Zudem wird die KI um viele neue Funktionen erweitert, die den Umgang noch intuitiver und das Potenzial umfassender machen.

Integration in mobile Apps

Naheliegend ist die Integration von ChatGPT in Messenger-Apps, um die Konversationen mit Kontakten zu bereichern. Man könnte die KI um Rat fragen oder sie bitten, bestimmte Nachrichten zu formulieren. Praktisch wäre auch eine Funktion zum Übersetzen von Chat-Verläufen.

Dedizierte ChatGPT-Apps für Smartphones sind ebenfalls sehr wahrscheinlich. Damit ließe sich die KI bequem auch unterwegs nutzen, ohne auf einen PC angewiesen zu sein. Über eine App könnte man ChatGPT spontan Fragen stellen oder Texte generieren lassen. Sehr interessant ist die Integration in Sprachassistenten wie Siri oder Alexa. Die Assistenten könnten dadurch deutlich schlauere Antworten geben und unterhaltsamere Dialoge führen. ChatGPT würde ihre KI-Fähigkeiten enorm verbessern.

Integration in Office-Apps & Co.

Auch die Nutzung in Apps von Google, Microsoft oder Meta ist vorstellbar. ChatGPT ließe sich nahtlos in Office-Apps, die Google-Suche oder Meta-Plattformen integrieren, um deren Leistung mit KI-Features zu stärken.

Durch solche Erweiterungen könnte ChatGPT zu einem festen Bestandteil unseres digitalen Lebens werden. KI wäre allgegenwärtig und mit maximalem Komfort nutzbar. Eine spannende Aussicht!

Erweiterung um Cloud Services

Bisher greift ChatGPT nur auf das interne Wissen zu, das durch das Training der KI entstanden ist. Die Einbindung von Cloud-Datenbanken könnte das System um externe Informationsquellen erweitern. So ließe sich ChatGPT theoretisch mit dem Nutzerprofil in der Cloud verbinden, um Zugriff auf Kalender, E-Mails, Dokumente oder Fotos zu erhalten. Dadurch kann die KI die Interessen und Kontexte besser verstehen. Sie könnte auch auf externe Wissensdatenbanken zugreifen, um spezifischere Antworten zu liefern.

Beachtung des Datenschutzes

Allerdings müssen hier die Aspekte Compliance und Datenschutz gewahrt bleiben. Welche persönlichen Daten für die KI zugänglich gemacht werden, muss stets vom Nutzer autorisiert sein. Auch dürfen keine schützenswerten Drittanbieter-Daten abgegriffen werden. Wenn es gelingt, diese Hürden bei Datenschutz und Verlässlichkeit zu überwinden, könnten Cloud-Erweiterungen das Potenzial von ChatGPT enorm steigern. Der fließende Zugriff auf weitere Datenquellen würde die KI noch schlauer und hilfreicher machen.

Neue Dialog-Features

Auch die Dialogmöglichkeiten mit ChatGPT dürften um neue Features erweitert werden. Denkbar sind etwa:

- Sprechen statt Tippen für mehr Natürlichkeit
- Personalisierung von Antworten durch Emotionen und Stimmungen
- Visuelle Inhalte wie Bilder, Grafiken und Videos einbinden
- Mehrsprachige Konversation durch sicheres Sprach-Switching
- Nahtloser Kontextbezug über mehrere Chat-Sitzungen

Dadurch wird der Dialog mit ChatGPT multidimensionaler und noch intuitiver. Die Grenze zwischen Mensch und KI verschwimmt weiter.

Erweiterte Kreativ-Funktionalitäten

Bisher beschränken sich die Fähigkeiten von ChatGPT weitgehend auf textbasierte Anwendungen. Durch Ergänzung mit spezialisierten KI-Systemen ließen sich aber auch komplexe kreative Aufgaben automatisieren:

- Mit Grafik-, Audio- und Videogeneratoren könnte ChatGPT digitale Inhalte auf Basis von Texteingaben produzieren. Man könnte die KI beispielsweise bitten, ein Musikvideo zu einem Song zu entwerfen.
- Über Musikkompositions-Tools ließe sich ChatGPT dabei unterstützen, eigene Melodien und Beats zu kreieren. Auch bei Videoproduktionen könnte die KI unterstützen.
- Für 3-D-Modellierung, VR-Welten oder Gamedesign wäre die Integration entsprechender Editoren denkbar, um ChatGPT um gestalterische Fähigkeiten zu erweitern. Das gilt auch für animierte Inhalte, Webdesign oder andere kreative Anwendungen. Künstler und Designer könnten dadurch ChatGPT als Werkzeugkasten mit KI-Unterstützung nutzen, um ihre Arbeitsprozesse zu bereichern und zu beschleunigen. Dabei bleibt die kreative Kontrolle immer beim Menschen.

ChatGPT wird in Zukunft in diverse Apps und Plattformen integriert sowie um zusätzliche Funktionen wie Cloud-Anbindung, neue Dialog-Features und kreative Tools erweitert, um das Potenzial umfassender zu gestalten, wobei Datenschutz und Compliance stets beachtet werden müssen.

5.3 ChatGPT mit dramatisch erhöhter Personalisierung

Bisher gibt sich ChatGPT noch als neutraler Gesprächspartner ohne individuelle Präferenzen oder eigenes Wissen. Zukünftig sind Versionen denkbar, die durch Einbezug persönlicher Daten und Prägung eine individuelle Persönlichkeit annehmen.

Integration persönlicher Daten

Um ChatGPT optimal an den einzelnen Anwender anzupassen, könnte die KI mit dessen Zustimmung auf diverse private Datenquellen zugreifen. Dies erlaubt es, ein detailliertes persönliches Profil zu erstellen. Durch Analyse von Fotos, Chats, Mails und Browserverlauf kann ChatGPT Vorlieben, Abneigungen und Interessen des Nutzers erkennen. Aus Kalendern und Kontakten lassen sich Beziehungen und Lebensumstände ableiten.

Informationen aus sozialen Medien generieren

Auch von sozialen Medien könnte ChatGPT mit Erlaubnis Daten beziehen, um Persönlichkeit, Biografie und berufliche Aspekte zu erfahren. Je mehr solcher Puzzleteile zusammenkommen, desto besser kann die KI den Menschen verstehen. Auf dieser Basis ließe sich gewissermaßen ein digitaler Zwilling als persönlicher Assistent generieren. Dieser kennt dank der privaten Daten die Lebenswelt seines Nutzers im Detail und kann dadurch optimal auf ihn eingehen.

Ob dieser enge Einblick in die Privatsphäre wünschenswert ist, hängt von den individuellen Präferenzen ab. Wenn die Kontrolle über die eigenen Daten beim Anwender bleibt, eröffnet es neue Möglichkeiten für personalisierte KI.

Prägung durch Interaktion

Neben dem einmaligen Abgleich persönlicher Daten lernt eine individualisierte ChatGPT-KI kontinuierlich durch die wiederholte Interaktion mit dem Anwender. Durch viele Gespräche und geteilte Erlebnisse entsteht mit der Zeit eine gemeinsame Kommunikationsdynamik. Die KI merkt sich Begriffe, Humor und Gewohnheiten des Nutzers und kann sich so immer besser anpassen.

Emotionale Verbindung

Da der Kontext und Verlauf jeder Konversation gespeichert werden, kennt die KI auch alle bisherigen „Erlebnisse" mit dem Nutzer. Sie kann dadurch Bezüge herstellen und sich an Unterhaltungen erinnern, als hätte sie diese selbst geführt. Durch Analyse von Sprache und Texten des Nutzers könnte ChatGPT sogar emotionale Reaktionen und Stimmungen erlernen und simulieren. So könnte sich im Laufe der Zeit eine emotional gebundene KI-Beziehung aufbauen, die an menschliche Vertrautheit erinnert. Natürlich wäre dies nur eine Illusion von Nähe. Trotzdem eröffnen personalisierte KI-Systeme faszinierende Möglichkeiten für neue Arten der Mensch-Maschine-Interaktion mit starkem Bezug zum Individuum.

Adaptives System mit „digitalem Zwilling“

In der maximalen Ausprägung entsteht so ein adaptives KI-System, das die Person, ihre Lebensumstände und Verhaltensweisen optimal widerspiegelt. Es gibt dann nicht mehr „das eine“ ChatGPT, sondern für jeden Nutzer eine individuelle Version. Diese Versionen könnten auch untereinander vernetzt werden: Partner oder enge Freunde könnten etwa ihre ChatGPT-Zwillinge miteinander bekannt machen, um Beziehungsaspekte abzubilden. Ob solche Szenarien wünschenswert sind, wirft auch ethische Fragen auf, die es zu prüfen gilt.

Unterstützungsleistung

Personalisierte KI könnte Menschen mit beeinträchtigten Fähigkeiten unterstützen. Wenn ChatGPT zum Beispiel auf die sensorischen, motorischen oder kognitiven Einschränkungen eines individuellen Nutzers zugeschnitten ist, kann die KI gezielte Hilfestellung bieten. So könnte eine Sehbehinderung durch Vorlesen von Texten ausgeglichen werden. Bei motorischen Einschränkungen wäre die Steuerung per Sprache möglich. Kognitive Schwächen ließen sich durch Anpassung des Dialogverhaltens abmildern.

Lernhilfe

Darüber hinaus könnte personalisierte KI Menschen beim Lernen unterstützen, indem Lerninhalte auf den Wissensstand und das Lerntempo des Individuums abgestimmt werden. Auch die gezielte Förderung von Stärken ist denkbar. Insgesamt eröffnet eine individualisierte ChatGPT-KI spannende Möglichkeiten, Menschen ganz gezielt und passgenau zu unterstützen – sei es im Alltag, beim Lernen oder zur Minderung von Behinderungen. Hier liegt laut Einschätzung der Experten und Branchenkenner großes Potenzial.

Chancen und Risiken

Eine individualisierte ChatGPT hätte den Vorteil, Anwender noch besser verstehen und ihre Bedürfnisse erfüllen zu können. Sie könnte als vertrauter Begleiter durchs Leben gehen. Problematisch könnte eine Abhängigkeit und fehlende Privatheit werden. Auch Manipulation und Realitätsverlust sind Gefahren, denen man vorbeugen muss.

Ob ChatGPT langfristig als persönlicher Assistent, individualisierter Lebensbegleiter oder digitaler Zwilling genutzt wird, hängt von gesellschaftlichen Entscheidungen ab. Die Technologie birgt sowohl große Chancen als auch Risiken. Nur mit Weitsicht und Verantwortungsbewusstsein lässt sich eine positive Zukunft gestalten.

Mögliche Gefahren

Klar ist: Eine auf den einzelnen Nutzer zugeschnittene KI könnte ihn durch kontinuierliches Lernen sehr viel besser verstehen und dadurch relevantere Hilfe und Unterstützung im Alltag bieten. Sie könnte fast wie ein vertrauter Freund oder Mentor fungieren, der stets verfügbar ist. Allerdings bergen solch intensive KI-Beziehungen auch Risiken. Dazu gehören mögliche Manipulation und Realitätsverzerrung, wenn die Maschine irreführende Ratschläge gibt. Auch eine gefährliche Abhängigkeit und Verlust der Privatheit sind nicht auszuschließen.

Ethische Leitplanken unabdingbar
Um dies zu verhindern, sind strikte ethische Leitplanken erforderlich. ChatGPT muss transparent bleiben und stets die menschliche Kontrolle und Eigenverantwortung fördern. Privatheit und freier Wille des Nutzers müssen oberste Priorität behalten. Verantwortungsvoller Umgang, Regulierung und eine Diskussion der Folgen für Individuum und Gesellschaft sind unabdingbar. Nur so ist sicherzustellen, dass die Technologie die Lebensqualität nachhaltig verbessert.

ChatGPT, derzeit in der Beta-Phase, beeindruckt bereits mit seinen Fähigkeiten und steht vor einer vielversprechenden Entwicklung. Für die Zukunft sind spezialisierte Versionen für verschiedene Anwendungsbereiche und die Integration in umfassende App-Ökosysteme zu erwarten.

- Ein wichtiger Meilenstein könnte die Personalisierung der KI durch individuelle Nutzerdaten sein, wodurch ein „digitaler Zwilling" als Assistent fungieren könnte.
- Die rasante Entwicklung wirft jedoch auch ethische und sicherheitsrelevante Fragen auf. Die Herausforderung besteht darin, die Kontrolle über die Technologie zu behalten und einen verantwortungsvollen Umgang mit ihr zu gewährleisten, das gilt insbesondere im Hinblick auf Datenschutz und Compliance.
- Die Grenzen zwischen Mensch und Maschine werden zunehmend verschwimmen, und wie wir diese Technologie nutzen und kontrollieren, wird eine der zentralen Fragen der kommenden Jahre sein.

Sieben Erfolgsregeln für den Umgang mit ChatGPT und Künstlicher Intelligenz

1. Realistische Erwartungshaltung

Künstliche Intelligenz ist weder eine Suchmaschine wie Google noch eine Online-Enzyklopädie wie Wikipedia. Sie wird darauf trainiert, mithilfe ihrer gelernten Daten oder eines bereitgestellten Datensatzes Analysen, Zusammenfassungen und Handlungsempfehlungen zu erstellen oder – wie im Fall von ChatGPT – Texte, Tabellen oder Programmiercode zu generieren. Die Qualität der Ergebnisse hängt von den Trainingsdaten und der Art des maschinellen Lernens ab.

Noch erzeugen spezialisierte KI-Lösungen genauere und reproduzierbarere Ergebnisse als Sprachmodelle, die für die Lösung vielfältiger Aufgaben eingesetzt werden. Obwohl die neurologischen Prinzipien des menschlichen Gehirns als Vorbild dienen, geht es bei der Generativen KI derzeit noch darum, die Aufgabe und die Daten mit möglichst hoher Wahrscheinlichkeit zu verstehen und ein wahrscheinlich korrektes und nützliches Ergebnis oder hilfreichen Inhalt zu erzeugen.

2. Auf den „Prompt" kommt es an

Dialogbasierte KI-Sprachmodelle, die Chatbots wie ChatGPT zugrunde liegen, sind darauf trainiert, die Eingabeaufforderungen des Benutzers im Kontext zu verstehen und daraus individuelle Ergebnisse zu generieren. Je besser sie diese Eingabeaufforderung, den Prompt, formulieren können, desto besser ist das Ergebnis. Anders als bei Suchmaschinen stellen Sie also keine Frage oder verwenden nur Suchwörter, sondern formulieren eine konkrete Aufgabenstellung. Dabei reichern Sie Ihren Prompt mit weiteren nützlichen Informationen an. Wenn ChatGPT einen Text erstellen soll, können Sie beispielsweise festlegen, dass dieser im Stil eines journalistischen Artikels, eines Fachbuchs oder eines Vortrags verfasst werden soll. Definieren Sie also die Rolle, die der Chatbot einnehmen soll.

Auch wenn ChatGPT oder andere KI-Lösungen eine Zusammenfassung oder Analyse erstellen sollen, ist es wichtig, die relevanten Aspekte oder die Zielgruppen zu definieren. All dies gehört in den Prompt. Wenn Sie z. B. mithilfe von DALL-E oder Midjourney faszinierende Bilderwelten generieren wollen, dann darf ein guter Prompt auch länger sein. Denn wie bei einem Briefing mit einem Fotografen oder einem Videoteam erklären Sie der KI den gewünschten Stil und die Dramaturgie. Damit gute Ergebnisse keine Eintagsfliegen bleiben, sollten Sie ein Prompt-Verzeichnis anlegen und Ihre Prompts kontinuierlich verfeinern.

3. Dokumentieren Sie Ihren KI-Arbeitsprozess

In vielen Branchen und Unternehmen werden Arbeitsprozesse definiert, dokumentiert und teilweise im Rahmen einer ISO-Zertifizierung überprüft. Dabei geht es um Qualitätssicherung und Reproduzierbarkeit der Ergebnisse. Wie bereits erwähnt, entscheidet der Prompt über die Qualität der generierten Ergebnisse. Ein Prompt kann aber auch das Ergebnis eines mehrstufigen Prozesses sein. Des Weiteren sollten die Verwendung und Weiterverarbeitung von Inhalten nachvollziehbar sein.

Auch aus urheber- und datenschutzrechtlicher Sicht schafft eine Prozessdefinition und Dokumentation Ihres KI-Einsatzes die notwendige Transparenz. Wenn Sie in einem Team oder in einem größeren Unternehmen mit vielen Kolleginnen und Kollegen regelmäßig mit KI-basierten Anwendungen arbeiten, kommen Sie um eine KI-Policy nicht herum. Noch wichtiger ist es aber, den Mitarbeiterinnen und Mitarbeitern Hilfestellungen an die Hand zu geben. Die bereits erwähnte Prompt-Datenbank ist dabei sehr wertvoll.

4. Achten Sie auf Transparenz

Die Kennzeichnung von KI-generierten Inhalten und Bildwelten wird immer wichtiger und ist zunehmend rechtlich geboten. Sie dient aber auch der Vertrauensbildung – sowohl innerhalb des Unternehmens als auch gegenüber Kunden und Partnern. In der Außenkommunikation betrifft dies vor allem Fotos und Videos, unternehmensintern auch Entscheidungsvorlagen und Präsentationen.

5. Beachten Sie Urheberrecht und Datenschutz

Mithilfe von Generativer KI erzeugte Inhalte, Bilder und Videos sind zunächst nicht urheberrechtlich geschützt. Erst durch eine weitere Bearbeitung mit hinreichender Schöpfungshöhe werden sie zu geschützten Werken. Umgekehrt kann der Einsatz von Generativer KI mit intransparenten Trainingsdaten zu unbeabsichtigten Urheberrechtsverletzungen an Rechten Dritter führen. Umfassende Rechtssicherheit kann Ihnen derzeit kein KI-Tool bieten. Dieses Wissen soll nicht abschrecken, sondern sensibilisieren. Als Faustregel gilt: Je mehr die KI Sie unterstützt und je mehr die Ergebnisse nur Grundlage oder Rohmaterial für eigene kreative Schöpfungen sind, desto unbedenklicher ist die Nutzung.

6. Folgen Sie dem „Human in the Loop"-Prinzip

In der ethischen Debatte um Künstliche Intelligenz geht es immer auch um das Verhältnis von Mensch und Maschine. Je allgemeiner und menschenähnlicher KI-Modelle werden, desto wichtiger wird die Diskussion um die Grenzen autonomer KI und die letzte Instanz in Form menschlicher Nutzer. Die Angst vor unbeabsichtigten Technikfolgen zulasten des Menschen und seiner Interessen und Grundrechte ist keine Paranoia oder Theorie. Die Betrachtung von KI als Werkzeug für uns Menschen und die überwachende Einbindung des Menschen als letzte Instanz in automatisierte KI-Prozesse ist eine vertrauensbildende und ethisch gebotene Maßnahme.

7. Machen Sie KI zur strategischen Chefsache

Ob Freiberufler oder Geschäftsführer eines großen Unternehmens: Sie sollten KI zur Chefsache machen. Dabei gilt es, Chancen und Risiken abzuwägen und eine eigene, langfristige KI-Strategie zu entwickeln. Künstliche Intelligenz ist weit mehr als ein weiteres IT-Tool oder der nächste Baustein der Digitalisierung. Keinesfalls sollten Sie dieses wichtige Thema, ähnlich wie haftungsrelevante Steuer-, Datenschutz- und Rechtsfragen, ohne eigene Expertise delegieren. Dieses Buch gibt Ihnen einen Einstieg und Impulse, aber bleiben Sie am Ball.

KI gewinnt derzeit in allen Bereichen der Gesellschaft massiv an Bedeutung, im privaten Alltag, vor allem aber in der Wirtschafts- und Arbeitswelt. Künstliche Intelligenz ist längst keine Option mehr, die man einfach ignorieren kann.

Fast Reader

1. Künstliche Intelligenz: Die Grundlagen

Die Welt der Künstlichen Intelligenz reicht von allgemeinen künstlichen Intelligenzen bis hin zu hoch spezialisierten Narrow-AI-Systemen. ChatGPT und ähnliche Generative KI-Lösungen sind praktische Anwendungen, die jedoch statistisch und nicht wahrheitsgetreu arbeiten. Während die Technologie rasante Fortschritte macht, wirft sie auch Fragen der Transparenz, Reproduzierbarkeit und Ethik auf.

- KI hat unterschiedliche Ausprägungen: von menschenähnlicher allgemeiner Künstlicher Intelligenz bis hin zu spezialisierten Narrow-AI-Lösungen.
- Generative KI wie ChatGPT arbeitet auf Basis von Statistik und Wahrscheinlichkeit, nicht auf der Grundlage von Fakten oder Wahrheit.
- Deep-Learning-Modelle benötigen große Datenmengen und sind oft komplex, was Fragen der Transparenz und Nachvollziehbarkeit aufwirft.
- Es besteht ein Bedarf an mehr Transparenz, insbesondere wenn KI-Systeme zur Entscheidungsfindung eingesetzt werden.
- Menschenrechtler und Politiker äußern Bedenken in Bezug auf Diskriminierung und Marginalisierung durch maschinelles Lernen.

2. Nutzung von ChatGPT

Die Reise der Künstlichen Intelligenz von ihren Anfängen bis zum heutigen Stand zeigt die Vielfalt und Entwicklungsmöglichkeiten dieses Forschungsfelds. Moderne Systeme wie ChatGPT basieren auf komplexen neuronalen Netzwerken und profitieren von datengetriebenen Trainingsverfahren. Ihre Leistungsfähigkeit kann durch präzise Fragestellungen und Nutzerfeedback weiter optimiert werden.

- Die Entwicklung der KI ist das Ergebnis jahrzehntelanger Forschung und technologischer Fortschritte.
- ChatGPT nutzt fortschrittliche Technologien wie neuronale Netzwerke und maschinelles Lernen, um komplexe Sprachmuster zu erkennen und Texte zu generieren.
- Die Antwortqualität von ChatGPT kann durch präzise Fragestellungen und kritisches Nachfragen optimiert werden.
- Konstruktives Nutzerfeedback und positive Verstärkung helfen der KI, sich weiter zu verbessern.

3. Anwendung und Potenzial

ChatGPT bietet ein breites Spektrum an Anwendungsmöglichkeiten, von der Unterhaltung und Alltagshilfe bis hin zur Unterstützung bei der Gesundheitsvorsorge, sportlichen Aktivitäten und Produktivität. Trotz der praktischen Vorteile sollte die Technologie nicht als Ersatz für menschliche Expertise gesehen werden. Ihre größte Stärke entfaltet sich in der symbiotischen Beziehung zwischen Mensch und Ma-

schine, die jeweils ihre komplementären Fähigkeiten einbringen.

- ChatGPT bietet Privatpersonen eine Vielzahl von Anwendungsmöglichkeiten, von Unterhaltung und Alltagshilfe bis zur Unterstützung in Gesundheitsbelangen und Produktivität.
- Die Technologie kann wertvolle Impulse liefern, sollte jedoch nicht als Ersatz für menschliche Expertise angesehen werden.
- ChatGPT hat das Potenzial, die Lebensqualität zu steigern und Zeit zu sparen, indem es viele alltägliche Aufgaben erleichtert.
- Im Arbeitskontext kann ChatGPT durch Automatisierung und Unterstützung bei komplexen Herausforderungen die Effizienz steigern.
- Die größten Potenziale liegen in der symbiotischen Zusammenarbeit zwischen Mensch und KI, in der sich die komplementären Stärken jeweils optimal ergänzen.

4. Ethik und Verantwortung

Die Diskussion um die Rolle der Künstlichen Intelligenz in der Gesellschaft nimmt an Komplexität zu, während die Grenzen zwischen Mensch und Maschine immer mehr verschwimmen. Regulatorische Ansätze wie der EU AI Act stoßen auf gemischte Reaktionen und die Technologie wirft Fragen von Urheberrecht und Datenschutz auf. Internationale Aufsicht und klarere Regelungen werden gefordert, um den Herausforderungen von KI im Kontext von Recht und Ethik gerecht zu werden.

- KI-Algorithmen nehmen zunehmend Einfluss auf wichtige menschliche Entscheidungsprozesse, wie Bewerbungen oder Kreditvergaben.
- Internationale Aufsichtsbehörden werden diskutiert und Experten warnen vor den Risiken unregulierter KI-Technologien.
- Urheberrechtliche Fragen und Datenschutzbedenken stehen im Raum, insbesondere bei der Verwendung von cloudbasierten Datenverarbeitungssystemen.
- Kleinunternehmen suchen Rechtssicherheit durch integrierte Branchenlösungen, während große Konzerne auf Private Clouds setzen.
- Der EU AI Act versucht, globale Standards zu setzen, stößt jedoch auf Kritik für seine mangelnde Klarheit, insbesondere im Hinblick auf Grundrechte und Chancengleichheit.
- Biometrische Identifikationslösungen werden eingeschränkt, da Bedenken hinsichtlich unzulässiger Scoring- und Profilierungsmethoden bestehen.

5. Die Zukunft von ChatGPT und KI

ChatGPT steht vor einer Reihe von Entwicklungen, die seine Funktionalität und Einsatzmöglichkeiten erweitern. Von der Integration in Produkte und Plattformen bis hin zur Entwicklung eines „digitalen Zwillings" durch personalisierte Daten wird die Technologie immer vielseitiger. Gleichzeitig betonen Experten die Notwendigkeit, die Kontrolle beim Menschen zu belassen und Datenschutz und Compliance zu gewährleisten.

- ChatGPT wird durch spezialisierte Versionen und Integration weiterentwickelt.
- Zukünftige Entwicklungen beinhalten neue Dialog-Features und kreative Tools.
- Datenschutz und Compliance sind bei der Weiterentwicklung von ChatGPT entscheidende Faktoren.
- Es besteht die Möglichkeit, durch die Integration persönlicher Daten einen „digitalen Zwilling“ zu erschaffen, der als vertrauter Assistent fungieren könnte.

Die Autoren

Oliver Schwartz

Oliver Schwartz ist Experte für strategische Kommunikation mit mehr als 25 Jahren Erfahrung als Manager in internationalen Technologieunternehmen. Seine Expertise bringt er heute in Beratungsmandate mit Unternehmen, Vorständen und GeschäftsführerInnen und als Interimsmanager ein. Wissen und Impulse rund um KI in Business und Gesellschaft teilt er in Veröffentlichungen, als Autor, Vortragsredner und als Podcaster.

Zusammen mit Co-Autor Dr. Michael Gebert ist er Initiator und leitender Redakteur des ChatGPT Expertenforum. *www.chatgpt-expertenforum.de*

Kontakt:
Oliver Schwartz // Consulting
76135 Karlsruhe
Tel.: (0721) 48 39 94 08
E-Mail: kontakt@oliverschwartz-consulting.de
www.oliverschwartz-consulting.de

Dr. Michael Gebert

Dr. Michael Gebert ist visionärer Unternehmer und international gefragter Keynote-Sprecher. Er blickt auf 30 Jahre strategisches Denken und innovatives Handeln zurück. Als Positivist mit solidem betriebswirtschaftlichem Hintergrund und einer Promotion in Schwarmintelligenz beschäftigt er sich leidenschaftlich mit dem ethisch akzeptablen Einsatz von KI-Innovationen und dezentralen Strukturen im Unternehmensumfeld.

Zusammen mit Co-Autor Oliver Schwartz moderiert er den Podcast Turtlezone Tiny Talks mit regelmäßigen KI-Themen. *www.turtlezone-tinytalks.de*

Kontakt:
Dr. Michael Gebert // Crowd Mentor Network
82049 Pullach im Isartal
Tel.: (089) 7 87 32 54
E-Mail: hello@michaelgebert.de
www.michaelgebert.de

Register